大学入試　レベル別英語長文問題
Solution1　スタンダードレベル
（ソリューション）

別冊問題　もくじ

制限時間15分／280 words／解答：本冊p.16

次の文章を読んで、以下の設問に答えなさい。

When you are stressed out or homesick, it's very important that you stay on campus. (1)If you go home each time you start to struggle, you will never learn how to work through the difficulties you are experiencing. Another plus of staying on campus through tough times is that you'll find more opportunities to get involved in college life. Joining a campus organization gives you a chance to meet new people and contribute to a cause. Some organizations and clubs can also provide comforting connections to your old life. (2)(　　　), if you sang in a *choir at home, consider joining a college choir or *a cappella* group. If you worked on your high school newspaper or *yearbook, join the same group at college. Don't be afraid to try new things as well. You could learn to play rugby or soccer, or join a political organization. Any involvement on campus will take your mind off your troubles and introduce you to new activities and friends.

(3)(　　　), whether it is achieved through playing a sport or working out at a gym, can also cause stress to disappear. Exercise keeps your body strong and energized, which can help you manage the hardships of a college lifestyle. It's also a reason to leave your room and interact with lots of new people. If you're having trouble motivating yourself, remember that the hardest part of exercising is getting started. Once you've established a routine, you will see the

benefits right away. (4) <u>Force yourself to leave your room</u> and follow a regular exercise schedule. You should also consider group exercise
25 opportunities. A healthy body will bring you one step (5)(＿＿＿＿) to a healthy mind.

* (注) choir: 合唱団　yearbook: 卒業写真

問1 下線部 (1) を日本語に訳しなさい。

_____

_____

問2 下線部 (2) の (　　　) 内に入るものを次の (a) 〜 (d) の中から 1 つ選び記号で答えなさい。
(a) Still　　　　　　　　(b) Because
(c) For example　　　　(d) However

問3 下線部 (3) の (　　　) 内に入るものを次の (a) 〜 (d) の中から 1 つ選び記号で答えなさい。
(a) Playing sports　　　(b) Medical research
(c) Physical exercise　　(d) Club activity

問4 下線部 (4) の意味を次の (a) 〜 (d) の中から 1 つ選び記号で答えなさい。
(a) あなた自身を部屋で奮い立たせなさい。
(b) あなた自身を部屋で鍛えて強くしなさい。
(c) どんなことがあっても、部屋に残りなさい。
(d) 無理してでも部屋から出なさい。

問5 下線部 (5) の (　　　) 内に入るものを次の (a) 〜 (d) の中から 1 つ選び記号で答えなさい。
(a) poorer　　　　　　(b) bigger
(c) closer　　　　　　(d) lighter

1 健康
2 幸福論
3 教育論
4 医学
5 教育論
6 社会論
7 言語論
8 社会論
9 IT・テクノロジー
10 環境論

3

次の英文を読んで、後に続く各問題文の空所に入れるのに最も適切なものを、それぞれの①～④の中から1つずつ選びなさい。

I believe that survival skills are simply creativity at work. When I think about how my mother fed all seven of us, making us think that every day was a "different meal," I still appreciate how much a creative cook can do with a single potato. And it wasn't just in the kitchen. She would get out her old sewing machine, study pictures in books and magazines, and make other versions of those same dolls and soft toys to sell at church charity events.

My mother made her own clothes and all my sisters' party and wedding dresses. I always knew when she was making something, because she would be singing. She sang all the way in flower design and interior decorating. She made being creative as normal as breathing, and encouraged our participation by telling us that idle hands and minds were the devil's workshop (注1).

I believe that happy children are those given the freedom to express themselves, to discover, and to create their own refrigerator door masterpieces (注2). I also believe that the highest quality of life is full of art and creative expression, and that all people deserve it. I believe in a broad definition of what art is and who artists are; barbers, cooks, and people who care for gardens and buildings have as much right to claims of artistry as designers, architects, and painters.

My first collection of art was a box full of comic books. I survived my teenage years inspired by my favorite character, the Black Panther, who had only his mind and no superpowers. Although my bookish reputation and thick glasses became a target for the neighborhood bullies, I escaped from this by being absorbed in reading.

Ever since high school, words have continued to serve as my first weapon of choice and my relief. Many of life's challenges need creative solutions. I believe creativity — in all its many forms — can change the way we think and operate. Celebrating the creativity around us helps maintain our mental health and keeps us happy.

(注1) idle hands and minds are the devil's workshop (暇でいると、とかく良くないことをしてかすという考え方)

(注2) refrigerator door masterpiece 子供たちが作った作品 (家庭で冷蔵庫のドアに貼られるような作品)

(1) The author states that his mother ☐.
　① had few basic survival skills
　② knew the joy of creativity
　③ knew only one recipe for potatoes
　④ was a professional designer

(2) The author's mother ☐.
　① created dolls and toys for a living
　② made clothes and dresses to give to charity
　③ asked her children to sing at her wedding
　④ encouraged her children to be creative

1 健康
2 幸福論
3 教育論
4 医学
5 教育論
6 社会論
7 言語論
8 社会論
9 IT・テクノロジー
10 環境論

(3)   The author does **not** suggest that [＿＿].
  ①   children should study flower design and interior decorating
  ②   the highest quality of life is full of art and creative expression
  ③   many people including barbers, cooks, and architects are artists
  ④   giving children the freedom to create their own art makes them happy

(4)   The best title for this essay is [＿＿].
  ①   Words Are the Best Weapon Against Bullies
  ②   Creative Solutions to Life's Challenges
  ③   How to Raise a Child to Be an Artist
  ④   Empty Rooms Are the Devil's Workshop

制限時間20分／261 words／解答：本冊p.34

You are going to have a debate about students working part-time. In order to prepare for the debate, your group is reading the article below.

Students and Part-Time Jobs

5　According to a recent survey, about 70% of Japanese high school and university students have worked part-time. The survey also reports that students have part-time jobs because they need money for going out with their friends, buying clothes, and helping their families financially. Even with such common reasons, we should

10　consider the following question: Is it good or bad for students to work part-time?

Some people believe that students learn several things from working part-time. They come to understand the importance and difficulty of working as well as the value of money. Moreover, they

15　learn how to get along with people. Students can improve their communication skills and gain confidence.

Others think that there are negative points about students working part-time. First, it may harm their studies. Students who work too hard are so tired during class that they might receive poor

20　grades in school. Second, it seems difficult for students to balance work and school. This could cause stress. Third, students may develop negative views of work itself by working too much. They may become less motivated to work hard after graduation.

What do you think? In my view, part-time work is not always bad for students. My point is that students shouldn't do too much part-time work. Research suggests that if students work part-time over 20 hours a week, they will probably have some of the negative experiences mentioned above.

問1 In the survey mentioned in the article, the students were asked, "▢"
① Have you ever worked part-time abroad?
② How much money per week do you make working part-time?
③ What kind of part-time jobs would be good for you?
④ Why do you work part-time?

問2 Your group wants to collect opinions **supporting** students working part-time. One such opinion in the article is that students ▢.
① can become good communicators
② mostly have worked part-time
③ will have a better chance of getting a full-time job
④ will learn how to dress appropriately

問3 Your group wants to collect opinions **opposing** students working part-time. One such opinion in the article is that students ▢.
① cannot be helpful in the workplace
② might perform poorly in class
③ should spend more time with their family
④ work part-time to buy what they want

1 健康
2 幸福論
3 教育論
4 医学
5 教育論
6 社会論
7 言語論
8 社会論
9 ＩＴ・テクノロジー
10 環境論

問4 If students work over 20 hours a week, they may [____].
① begin to feel they need a well-paid job
② continue to work hard at part-time jobs
③ lose interest in working hard after leaving school
④ want to be independent of their families

問5 The writer of this article [____] students working part-time.
① does not have any particular opinion about
② partly agrees with
③ strongly agrees with
④ strongly disagrees with

制限時間20分／324 words／解答：本冊p.44

次の英文を読み、設問に答えよ。

The thinking part of the human brain has two parts, the right side and the left side. Scientists began to study these two sides way back in 1861 with a patient nicknamed Tan. He was given this name (①) a speech problem he had: the only word he could say was

5 'Tan'. Doctors found that he had suffered some (ア)<u>damage</u> to the left front part of his brain. They also found that eight other people who had language problems all had something wrong with the same part of their brain. From this, the doctors (イ)<u>concluded</u> that language was made in the left brain. This theory became (ウ)<u>widely</u> accepted in the

10 1960s and 1970s when researchers found that each side of the brain controls different types of behavior.

According to the right brain/left brain theory, there are two types of people: those who think with their right brain and those who think with their left brain. Of course, almost no one is completely

15 right-brained or left-brained, (②) their way of thinking is different because people mostly use one side of their brain over the other. Neither side is more intelligent than the other, and there is no 'better' way to think. Those who are right-brained are generally more emotional, more creative, and better at the arts. Those who are

20 left-brained are usually more logical and better with numbers. Artists, musicians, dancers, designers, and more creative people tend to be right-brain thinkers, (③) lawyers, engineers, and

scientists tend to be left-brain thinkers.

Knowing which type of person you are can help you to understand
yourself better, （ 4 ） right-brained and left-brained people have
different ways of studying, solving problems, and learning different
subjects. And there are many books that have been written on how
you can strengthen one side of your brain to improve yourself.
Schools have created tests to identify students' strengths, and then
(エ)recommend careers based on a student's right- or left-brained
ability.

1. 文脈上、下線部（ア）～（エ）の意味にもっとも近いものを1つ選べ。

（ア）　① accident　　　　② illness
　　　③ injury　　　　　④ pain

（イ）　① decided　　　　② declared
　　　③ finished　　　　④ knew

（ウ）　① fully　　　　　② generally
　　　③ hardly　　　　　④ internationally

（エ）　① choose　　　　② inform
　　　③ suggest　　　　④ tell

2. 以下の語句の中から、本文中の空欄1～4にもっとも適切なものを
選びなさい。なお、1つの語句は1度しか使えない。

① because　　　　　　② but
③ due to　　　　　　④ whereas

本文の内容に一致する文を１つ選べ。

① Most people use both sides of their brain to think.
② Schools carry out tests on students to determine whether they are strong or not.
③ To improve yourself, one side of your brain should be stronger than the other.
④ To solve problems, you need to know if you are left-brained or right-brained.

次の英文を読み以下の設問に答えなさい。

Children learn (ア) honesty is from their parents. What we do and what we say provide a living example of what it means to be honest. Our children notice how we handle the myriad situations life offers up, and when they are young, at least, they assume that our
5 way is the right way to do things.

As nine-year-old Alicia and her father were leaving a restaurant after lunch, Dad absentmindedly stared at the ①change the cashier had given him. A few feet into the parking lot, he realized a mistake had been made in his favor. "Just a second, Alicia, something's
10 wrong here." Dad said, holding out the change for her to see. "She gave me too much money back."

Father and daughter ②reviewed the arithmetic and discovered that they'd received about five dollars too much. "Let's go back in and straighten ③this out," Dad said.

15 ④Alicia wasn't quite as enthusiastic, since she was imagining how they could use the extra five dollars, but she knew her dad was (イ). The cashier was very grateful and explained that she would have had to make up the difference with her own money at the end of the day. The manager, overhearing their conversation,
20 gave Dad a coupon for a big discount on their next visit. When father and daughter left the restaurant for the second time, they were both feeling pretty good.

16

"How about that, Alicia?" Dad said. "Are you glad we gave the money back?" "I'd say (　ウ　) pays off," said Alicia.

25 "It feels good to do the right thing, even when you don't get a ⑤reward," Dad said. "But ⑥lots of times telling the truth makes nice things happen that we didn't expect."

1

健康

2

幸福論

3

教育論

4

医学

5

教育論

6

社会論

7

言語論

8

社会論

9
IT・
テクノロジー

10

環境論

1. （ア）に入る最も適切な語を1つ選びなさい。
(a) when　　(b) what　　(c) that　　(d) where

2. 下線部①と⑤の意味を日本語で書きなさい。

3. 下線部②はどのような意味か日本語で書きなさい。

4. 下線部③はどのようなことを指しているか日本語で説明しなさい。

5. 下線部④でのAliciaの気持ちに最も近い語を1つ選びなさい。
ア．motivated　　　　　　イ．angry
ウ．happy　　　　　　　　エ．unwilling

6. （イ）と（ウ）に入る語を、それぞれ与えられた文字で始まる語で、1語ずつ書きなさい。
（イ）r＿＿＿＿＿＿＿　　　　（ウ）h＿＿＿＿＿＿＿

7. 下線部⑥を日本語に訳しなさい。

制限時間20分／317 words／解答：本冊p.64

次の文章を読み、問いに答えよ。

The "idea box" is a useful concept in management. It was first introduced in the early twentieth century by Kodak in the United States and Michelin in France. The managers of these companies used idea boxes to collect suggestions from employees about improving production. (　1　). However, it is used a lot in Japan. Japanese managers have found it to be a very valuable resource. Employees often know more than managers about the details of production. In the long run, their suggestions can make a real difference to the company. (　2　).

In a recent study of 1,500 business managers in the United States, interviewers asked all kinds of questions about the managers' habits and opinions regarding their working hours. The researchers learned that only 33 percent of the managers worked 40-45 hours a week. The majority of them (57 percent) worked from 46-60 hours and 6 percent worked over 60 hours. Only 2 percent of the managers said they felt satisfied and had enough time to do everything. The rest of the managers felt they did not have enough time for their families or their hobbies. In general, the researchers found that (　3　).

At present, some managers spend much of their working time at home, (　4　). This is especially true for those who work a lot on computers. They can send their work to the company by fax or by

direct computer connections. Managers can keep in touch with their staff through e-mail as well. There are many advantages to working
25 at home, including more flexible hours and better productivity. "Home managers" also save time and money that they would have spent on transportation, business clothes, and lunches.

問1 空欄（1）〜（4）を補うものとして最も適切なものを①〜④の中から1つ選びなさい。ただし、文頭の大文字は小文字に変更している。

① managers in the United States are not happy with their working schedules
② thanks to modern technology and telecommunication
③ today, the idea box is not used much in the United States or Europe
④ employees who offer useful ideas may receive extra money in their paychecks

問2 以下の設問の答えとして最も適切なものを①〜④の中から1つ選びなさい。

1. When and where was the idea box introduced?
   ① In the early 1900s in Japan.
   ② In the late 1800s in the United States.
   ③ In the early 1900s in the United States and France.
   ④ In the late 1800s in Japan.

2. According to the recent study, what percentage of managers felt they did not have enough time for their families and hobbies?
   ① 33 percent.　　② 76 percent.
   ③ 2 percent.　　④ 98 percent.

1 健康
2 幸福論
3 教育論
4 医学
5 教育論
6 社会論
7 言語論
8 社会論
9 IT・テクノロジー
10 環境論

3. Which of the following is NOT a benefit of working at home?
   ① The ability of fax work to the office.
   ② Better productivity.
   ③ Flexible working hours.
   ④ Productive discussions with coworkers over lunch

問3 本文の表題として最も適切なものを①～④の中から１つ選びなさい。
   ① How Kodak and Michelin Are Changing Business Management
   ② The Importance of Employees
   ③ Modern Trends in Management
   ④ Research on Home Managers

問4 本文の内容と一致するものを①～⑦の中から３つ選びなさい。ただし、解答の順序は問わない。
   ① Idea boxes are used to get suggestions from managers.
   ② Idea boxes are not used much in Japan.
   ③ Suggestions to the idea boxes do not make much difference to companies.
   ④ In a recent study of managers in the United States, they were asked about their working hours.
   ⑤ According to a recent study of managers in the United States, one third of them worked more than 46 hours a week.
   ⑥ Computers help home managers to keep in touch with their offices.
   ⑦ Home managers have fewer expenses than managers who do not work at home.

次の英文を読み、設問に答えなさい。

When one language takes a word from another language, it is said to borrow that word, and the word which is borrowed is called a loanword. However, (A) the expressions 'borrow' and 'loanword' do not seem good in this context. If you borrow a pen from someone, then that pen starts off as being his or her thing and goes back to being his or her thing when you have finished with it, with you having control of it while you are using it. But (あ), if French borrows the word *tennis* from English, English still keeps the word and French will probably never give it back.

In some (a) instances a word which has been borrowed is returned, though usually with some small difference in meaning, and still without the original borrowing language losing it. For example, the English word *realise* was originally borrowed from French in the sixteenth century with the meaning 'make real'. And today it can still be used in English with this meaning. In this sense it is (い) to speak of *realising* plans or dreams. Then later the word *realise* (b) gradually developed another meaning, which is 'to understand with the clearness of reality', as in the sentence *I hadn't realised that you already knew my mothe*r. In fact, for most English speakers this has now become the (c) standard meaning of *realise*.

And interestingly, this new meaning has recently been borrowed back by the French, so the meaning of the French word *realiser* is now (d) <u>vague</u>. Although the new meaning '(う)' is disliked by some people in France, it is used widely. So French is an example of a language that did get its own word back in the end, by borrowing one that had already been borrowed from it.

1. 文脈上、下線部 (a) ～ (d) の語句の意味に最も近いものをそれぞれ 1 つずつ選びなさい。

(a)　① cases　　　　　② meanings
　　　③ minutes　　　 ④ places

(b)　① basically　　　 ② hardly
　　　③ remarkably　　④ slowly

(c)　① correct　　　　② frequent
　　　③ traditional　　④ usual

(d)　① unclear　　　　② uncommon
　　　③ unknown　　　④ untrue

2. 文脈上、空所 (あ) ～ (う) に入れるのに最も適切なものをそれぞれ 1 つずつ選びなさい。

(あ)　① in addition　　　　② nevertheless
　　　③ on the other hand　④ therefore

(い)　① difficult　　　　② possible
　　　③ strange　　　　④ surprising

(う)　① come true
　　　② face reality
　　　③ make oneself understood
　　　④ understand clearly

1 健康
2 幸福論
3 教育論
4 医学
5 教育論
6 社会論
7 言語論
8 社会論
9 IT・テクノロジー
10 環境論

3. 文脈上、下線部（A）のように筆者が考える理由として最も適切なものをそれぞれ１つずつ選びなさい。

① ある言語が別の言語から言葉を「借りる」場合、お金に関わる「ローンを払う」という喩え方はおかしいから。

② ある言語が別の言語から言葉を「借りる」場合、ペンを借りる時のように「返す」わけではないから。

③ ある言語が別の言語へ言葉を「貸す」場合、お金に関わる「ローンを払う」という喩え方はおかしいから。

④ ある言語が別の言語へ言葉を「貸す」場合、ペンを貸す時のように「返してもらう」わけではないから。

4. 次の英文の中に‘realise’という単語についての本文の説明と一致しないものがある。その番号を選びなさい。

① The English word *realise* comes from the French word *realiser*.

② When it was first borrowed, the loanword *realise* did not mean 'to understand'.

③ The original meaning of the English word *realise* disappeared after a new meaning emerged.

④ The French word *realiser* has been influenced by the English word *realise*.

次の文章を読み、**問1** から **問5** の各問に答えなさい。

It is quite possible, even common, to work across cultures for decades and travel frequently for business while remaining unaware and uninformed about how culture impacts you. Millions of people work in global settings while viewing everything from their own cultural perspectives and assuming that all differences, controversy, and misunderstanding are rooted in personality. This is not due (a) laziness. Many well-intentioned people don't educate themselves about cultural differences because they believe that if they focus on individual differences, (A)<u>that</u> will be enough.

After I published an online article (b) the differences among Asian cultures and their impact on cross-Asia teamwork, one reader commented, "Speaking of cultural differences leads us to stereotype individuals and therefore put them in boxes with 'general traits.' (c) of talking about culture, it is important to judge people as individuals, not just products of their environment."

At first, this argument sounds valid. Of course, (1)<u>individuals, no matter their cultural origins, have various personality traits</u>. So why not just approach all people with an interest in getting to know them personally, and proceed from there? Unfortunately, this point of view has kept thousands of people from [I] to meet their objectives. If you go into every interaction assuming that culture doesn't matter, you will view others through your own cultural lens and judge or misjudge them accordingly. Ignore culture, and you can't help (　d　) conclude, "Chen doesn't speak up — obviously he doesn't have anything to say! His lack of preparation is ruining this training program!"

Yes, every individual is different. And yes, when you work with people from other cultures, you shouldn't make assumptions about individual traits based on (　e　) a person comes from. But (2) this doesn't mean learning about cultural contexts is unnecessary. If your business success relies on your ability to work successfully with people from around the world, you need to have an appreciation for cultural differences as well as respect for individual differences. Both are essential.

問1 空欄（a）から（e）に入れるのに最も適切なものをそれぞれ１つ選びなさい。

(a) 　ア) at 　　　イ) of
　　 ウ) to 　　　エ) with

(b) 　ア) by 　　　イ) in
　　 ウ) on 　　　エ) over

(c) 　ア) Because 　イ) In favor
　　 ウ) In spite 　エ) Instead

(d) 　ア) as 　　　イ) but
　　 ウ) for 　　　エ) without

(e) 　ア) what 　　イ) where
　　 ウ) who 　　　エ) why

1 健康
2 幸福論
3 教育論
4 医学
5 教育論
6 社会論
7 言語論
8 社会論
9 IT・テクノロジー
10 環境論

下線部（A）の示す内容として最も適切なものを1つ選びなさい。
ア）　個人の違いに注意を払うこと
イ）　文化の違いについて独学しないこと
ウ）　自分の属する文化の基準でものを見ること
エ）　何百万もの人々がグローバルな環境で働くこと

問3 下線部（1）（2）の意味として最も適切なものをそれぞれ1つ選びなさい。
（1）
　ア）　個々の文化の出身という問題は、個性に多様性を与えてきた。
　イ）　個人は、どの文化の出身であろうと、多様な個性を持っている。
　ウ）　個人の問題は、文化の出身にかかわらず、多様な個性を変化させてきた。
　エ）　個人は、自分たちの文化の出身を問題にすることなく、個性を多様に変化させる。
（2）
　ア）　ここでは、文化を学ぶ必然性に、意味や背景はないのである。
　イ）　文化について学ぶということの意味は、ここでは必要ないのである。
　ウ）　文化的背景について学ぶことは、ここでは必然性がないことを意味している。
　エ）　これは、文化的背景について学ぶ必要はない、ということを意味するわけではない。

問4 空欄 [I] に入れるのに最も適切なものを1つ選びなさい。
　ア）　learning to need what they know
　イ）　learning what they need to know
　ウ）　what they know to need learning
　エ）　what they need learning to know

次の各文について、本文の内容と一致するものにはアを、一致しな
いものにはイを、それぞれ書きなさい。

(a) It is uncommon for people working with people from
    various cultures to be ignorant of the impact of culture
    on individuals.

(b) The author of this passage once reported on cultural
    differences among Asian countries.

(c) You could misunderstand people if you interact with
    them believing that culture makes no difference.

(d) Not only regard for individual traits, but also
    knowledge about cultural differences is required for
    cross-cultural business success.

1 健康

2 幸福論

3 教育論

4 医学

5 教育論

6 社会論

7 言語論

8 社会論

9 IT・テクノロジー

10 環境論

次の英文を読み、設問に答えなさい。

In a world where we are constantly tweeting, texting, Googling and checking e-mail, technology addiction is a real concern for today's kids. Yet parents are often unable to unplug from their own digital devices, research suggests. A recent national survey conducted by Common Sense Media, which included nearly 1,800 parents of children aged eight to 18, found that parents spend an average of nine hours and 22 minutes every day in front of various screens — including smartphones, tablets, computers and televisions. Of those, nearly eight hours are for personal use, not work. (The survey included people from a wide range of socioeconomic classes and fields, who may or may not use computers at their job all day.)

(1)Perhaps even more surprising is that 78 percent of parents surveyed believe they are good role models for how to use digital technology. Multimedia are designed to be *engaging and *habit-forming, so we do not even realize how much time we spend when we are absorbed in our devices, says Catherine Steiner-Adair, a clinical psychologist and author of *The Big Disconnect* (HarperCollins, 2013).

This can be a double shock for children, who not only feel that their parents are ignoring them or do not find (2)them as engaging as the screen but who also learn to mimic their parents' behavior,

Steiner-Adair notes. Studies show that greater use of technology among *tweens and teens correlates with shorter attention spans, a preference for digital time over physical activity and worse performance in school. *Toddlers and infants also have a harder time learning emotional and nonverbal *cues because their parents constantly have what psychologists call "(3) still face phenomenon" from concentrating on mobile devices.

The good news, however, is that if parents use screen time for shared activities with a child — watching a movie or playing an educational game together, for example — it can enhance the child's learning. According to the survey, 94 percent of parents recognize that technology can be used to support their children's education. The key is to limit and track kids' time with technology and set rules for themselves, too. Modeling healthy media habits can start with something as simple as making the family dinner table (4) device-free zone.

* (注) engaging : 人を引き付ける　　habit-forming : 癖になる
　　 tween : 10歳前後の子供　　toddler : よちよち歩きの子供　　cue : 合図

問1 下線部 (1) を日本語に訳しなさい。

_____

_____

問2 下線部 (2) の them が指すものを、本文中から 1 語で抜き出し、記入せよ。

_____

1 健康
2 幸福論
3 教育論
4 医学
5 教育論
6 社会論
7 言語論
8 社会論
9 IT・テクノロジー
10 環境論

問3 下線部 (3) と同じ意味の still を含む文を、次の (a) 〜 (d) の中から1つ選び、記号で答えよ。

(a) Keep still while I cut your hair.
(b) In the still of the night I find peace and contentment.
(c) There's still time to catch the last train.
(d) Still, it must be wonderful to have a child.

問4 下線部 (4) の device-free zone とは、どのような意味か。最も適切なものを、次の (a) 〜 (d) の中から1つ選び、記号で答えよ。

(a) 情報機器が自由に使える場所
(b) 情報機器を使わせない場所
(c) Wi‐Fi が無料で使える場所
(d) Wi‐Fi が有料である場所

問5 次の1〜6の中で、本文の内容と合致しているものには〇、合致していないものには×をつけよ。ただし、1〜6のすべてにわたって〇または×をつけた解答は無効とする。

1 親が情報機器に対して中毒になっていることは、子供にとって心配なことではない。
2 親は情報機器を仕事にだけ使っているわけではない。
3 情報機器に集中している時、私たちは、どれだけの時間を消費しているかさえわからなくなる。
4 研究によると、情報機器を使いすぎることは、子供たちの集中力が続かないことと関係がある。
5 多くの親は、情報機器が子供たちの教育に使うことができることを知らない。
6 筆者は、親自身も情報機器を使う際の規則を作ることが重要であると述べている。

次の英文を読み、設問に答えなさい。

1　Recycling has been around for centuries, but it really began to (1) <u>gain</u> popularity in the 1970s, after global oil (2) <u>shortages</u> left parts of the world without gasoline. It was at that time that people started to realize that we didn't have an endless supply of (3) <u>vital</u> natural resources. To help protect the environment and to take more responsibility for the future, people seriously got into recycling things like paper, bottles, cans, and plastic.

2　But the recycling movement really started taking off after the first Earth Day was celebrated on April 22nd, 1970. The organizers of the event designated it as a "national day for the environment" and a day to think about our environment and take the necessary steps to (4) <u>preserve</u> a healthy earth. Since then, countries all over the world have been celebrating Earth Day and adhering to the idea of recycling.

3　Recycling has, in fact, become an essential part of daily life for most people living in most parts of the world. In my city, recycling is done once every two weeks, usually on a weekend. I fully support this and always try to keep the glass, cans, and plastic that I (5) <u>dispose</u> separate by placing them in the proper bins.

4　We are all helping to save the environment when we recycle. It takes massive amounts of space to bury trash in the ground in landfills, and burning trash is not much better for all kinds of reasons. So, what can we do as individuals to really ₍₆₎make a difference? Recycling is our best, and possibly our only, answer.

₂₅ 5 There is, however, one part of recycling that I despise: the collection of paper and cardboard products ₍₇₎carried out by third-party people* every Saturday and Sunday morning. As I mentioned, I fully support the recycling movement. But I think that these collectors' driving around town at 8:30 in the morning on a weekend ₃₀ with a megaphone blaring* is totally ₍₈₎rude and inconsiderate. Of course, I appreciate someone coming around and collecting my old newspapers, but asking for people's recycling so early on a Saturday or Sunday is discourteous*. And it ₍₉₎disrupts my much-needed catch-up sleep.

（注）third-party people* 文中では「委託された回収業者」を意味する
blaring* がなりたてる　　discourteous* 無作法な

問1 下線部（1）〜（9）の語句の文中での意味として最も適切なものを、（A）〜（D）の中から１つ選びなさい。

(1)　(A)　buy　　　　　　　(B)　increase in
　　　(C)　take in　　　　　(D)　ruin
(2)　(A)　scarcity　　　　　(B)　smallness
　　　(C)　disadvantages　　(D)　extinction
(3)　(A)　medical　　　　　(B)　mortal
　　　(C)　biological　　　　(D)　crucial
(4)　(A)　sustain　　　　　(B)　prepare
　　　(C)　observe　　　　　(D)　confirm
(5)　(A)　give off　　　　　(B)　throw away
　　　(C)　set aside　　　　(D)　rule out
(6)　(A)　take a chance　　(B)　bridge a gap
　　　(C)　cause a change　(D)　solve an equation

1 健康
2 幸福論
3 教育論
4 医学
5 教育論
6 社会論
7 言語論
8 社会論
9 ＩＴ・テクノロジー
10 環境論

(7) (A) evaluated   (B) founded
     (C) criticized   (D) conducted
(8) (A) tricky   (B) bold
     (C) impolite   (D) rigid
(9) (A) disturbs   (B) disappoints
     (C) disconnects   (D) discourages

問2 (1) ～ (5) の質問の答えとして最も適切なものを、(A) ～ (D) の中
から 1 つ選びなさい。

(1) According to paragraph 1, which of the following is
    true?
   (A) Recycling was implemented for the first time in the
       1970s.
   (B) In the 1970s, people became aware that the earth's
       natural resources might run out in the future.
   (C) Global oil shortages were caused by people working
       in the car industry.
   (D) People became serious about recycling because it
       was very profitable.

(2) According to paragraph 2, which of the following is
    true?
   (A) More than six decades have passed since the first
       Earth Day was celebrated.
   (B) Earth Day was designated as a national holiday in
       all countries around the world.
   (C) The organizers of Earth Day were ignorant of
       environmental issues.
   (D) Earth Day has played an important role in
       promoting recycling.

(3) According to paragraph 3, which of the following is true?

(A) These days people do not take recycling for granted.

(B) The schedule for recycling in the author's city changes every two weeks.

(C) The author is willing to sort out waste according to its type.

(D) Glass, cans, and plastic should be dumped in the same bin.

(4) According to paragraph 4, which of the following is true?

(A) There is nothing better than recycling to reduce waste materials.

(B) Only a little time is required to bury a large amount of trash in a landfill.

(C) There is only one reason why trash should not be burnt.

(D) We don't have to assist people who don't know how to recycle things.

(5) According to paragraph 5, which of the following is true?

(A) The author does not want to collect paper and cardboard products.

(B) The author avoids driving a car on weekend mornings.

(C) The author is annoyed by loud megaphone announcements on weekend mornings.

(D) The author cannot sleep well because he is worried about the future of the planet.

1 健康
2 幸福論
3 教育論
4 医学
5 教育論
6 社会論
7 言語論
8 社会論
9 IT・テクノロジー
10 環境論

大学入試

レベル別
英語長文 問題
Solution
ソリューション

1
スタンダード
レベル

スタディサプリ
英語講師
肘井 学
Gaku Hijii

かんき出版

　"新時代の英語長文集を作ること"、これが本シリーズの最大のテーマです。新しい時代の象徴ともいえる共通テストでは、リーディングとリスニングの配点が同じになります。これが意味しているところは、**従来よりもリスニングが重要視される**ということです。したがって、リーディングだけに<ruby>偏<rt>かたよ</rt></ruby>った勉強をしてはいけません。本シリーズでは、**リーディングと同時に、リスニング力も必ず高められる構成**にしました。

　100語程度では、文章の起承転結がつかめません。一方で、700語程度まで行くと、長すぎて音読するには不適切な語数になってしまいます。本シリーズでは、**音読に最適な200〜300前後の語数の長文をそろえること**を**徹底**しました。

　同時に、"**本書で訓練をつめば、誰でもリーディングが必ず得意になる**"というテーマも大切にしました。

　自分自身はもとより、今まで教えてきた何万人という生徒が証明してくれています。英語力を高める最短にして、最も効率の良い学習方法は、やはり"**音読**"です。本書では、**音読用白文**を解説に用意したので、大問1つ終えるごとに、必ず**10回音読**をしてください。**音声ダウンロード付き**なので、音声の後に続けて音読することで、同時に**リスニング力**も身に付きます。

　本シリーズの英文を何度も音読することで、リーディングとリスニングは必ず得意になります。1講ごとの"**音読10回**"、単語の暗記、これをしっかりやることで、**自分の人生を自らの手で変えてみてください。**

肘井　学

目　　次

本シリーズの特長

特長その❶　4種類のポイントで万全の英語力が身に付く!

　本書では、一文一文の理解に役立つ **構文 POINT**、文と文のつながりを見抜く **論理 POINT**、問題の解き方がわかる **解法 POINT**、語彙の本質に強くなる **語彙 POINT** と、4種類の POINT で体系化してあらゆる角度から英語力を向上させていきます（p.8〜p.9参照）。

特長その❷　文構造がひと目でわかる構文図解付き!

　構文図解で、**SVOCM** の記号を使って、解釈の手助けをします。必要に応じて、▲マークで、**細かい文法事項もメモを入れており、独学でも疑問を残しません**。これと全訳を照らし合わせて、問題を解き終わった後に、**一文一文丁寧に構文把握**をします。

特長その❸　音読用白文・リスニング強化の音声ダウンロード付き!

　音読用の白文を掲載しています。**音声ダウンロード**を利用して、音声の後に英文の音読を続けて、**リスニング強化・正確な発音習得**にも役立ててください。問題を解く ⇒ 解説を読む ⇒ 構文把握する ⇒ 単語を覚えた後の**音読10回を必ず行ってください**。

特長その❹　単語帳代わりになる語彙リスト付き!

　本書では、本文訳の下に**語彙リスト**を掲載しています。必ず、**出てきた単語をその場で覚えて**ください。

特長その❺　背景知識が広がるコラム付き!

　背景知識としてあると、**英文を読むのが非常に楽になる**ものを、コラムで紹介しています。自由英作文にはもちろん、他科目にも有効な一生モノの知識が詰まっています。**すべての英文に、背景知識が広がるコラム**を設けました。

　時代を反映した最新の頻出テーマである「**長時間労働を減らす取り組み**」・「**ダイバーシティ**」・「**携帯依存症**」などから、「**創造性と幸福感**」や「**親から学ぶ正直さ**」など、時代を問わずに通用する普遍的なテーマをバランスよくそろえました。将来の教養として、興味深い題材がそろっています。

　志望大学に左右されない確かな英語力を養うために、出典を**国公立大学と私立大学からバランスよく選び**ました。スタンダードレベルなので、出典は私立大学が中心ですが、国公立大学もしっかり扱っています。同時に、**文系と理系の両方に精通できる**ように、バランス良く英文をそろえています。

　どの形式でも対応できる英語力を付けるために、**マーク式と記述式の問題をバランスよく配置**しました。さらに、実際の入試問題から、**悪問**や**奇問**を**外して**、**良問**をそろえました。

　本書で推奨する**音読10回**を必ずやり遂げるために、**音読に最適な300語前後の英文**をそろえました。100語前後だと、文章として起承転結がなくなることや、700語前後では長すぎて音読には適していないので、新時代の英語長文集として、音読がしやすい語数で英文をそろえました。

4種類のPOINT

構文 POINT

論理 POINT

解法 POINT

語彙 POINT

本シリーズの使い方

❶ 問題を解く

　各問題には、制限時間を設けています。それを参考に、**1題15分〜20分程度**で、本番を想定して問題を解きます。

↓

❷ 解答・解説を見て答え合わせをする

　悪問・奇問の類は外しています。**4つのポイント**を中心に解説を読み進めてください。**解答の根拠となる部分は太字で示しています。**

↓

❸ 英文全体の構文把握や意味を理解する

　構文図解と全訳を参考にして、全文を理解します。**主語と動詞の把握、修飾語のカタマリと役割を把握**して、**全文の構文**を取っていきます。

↓

❹ 知らない単語を必ず覚える

　語彙リストを利用して、**英語・日本語セットで3回書いて、10回唱えて**ください。単語学習のコツは、何度も繰り返すことです。

↓

❺ 音声を聞きながら、後に続けて音読を10回する

　音声を、右ページを参考にダウンロードして、**音声を流した後に、テキストを見ながら10回音読**をします。句や節といった意味の切れ目を意識して、音読してください。10回目に近付くにつれて、**英語を英語のまま理解できる、いわゆる英語脳に近付く**ことができます。

　本シリーズは、現状の学力に見合った学習を促すために、下記の表のように、細かいレベル分けをしています。

スタンダードレベル	日本大、東洋大、駒沢大、専修大や、京都産業大、近畿大、甲南大、龍谷大などを代表とした私立大学を目指す人、共通テストでの平均点以上や地方国公立大を目指す人。
ハイレベル	学習院大、明治大、青山学院大、立教大、中央大、法政大や、関西大、関西学院大、同志社大、立命館大などの難関私大を目指す人。共通テストでの高得点や上位国公立大を目指す人。
トップレベル	早稲田大、慶応大、上智大、東京理科大などの最難関私大を目指す人。共通テストで満点や、北大、東北大、東京大、名古屋大、京都大、大阪大、九州大などの難関国公立大を目指す人。

難易度のレベルには変動があり、あくまでも目安です。

音声ダウンロードの方法

ヘッドフォンマークの中の番号は音声ファイル内のトラック番号です。以下の手順でダウンロードしてお使いください。

1　パソコンかスマートフォンで、
　　右のQRコードを読み取るか
　　https://audiobook.jp/exchange/kanki
　　にアクセスしてください。

2　表示されたページから、audiobook.jpへの会員登録（無料）ページに進みます。すでにアカウントをお持ちの方はログインしてください。

3　会員登録後、1のページに再度アクセスし、シリアルコード入力欄に「30120」を入力して送信してください。もし、1のページがわからなくなってしまったら、一度audiobook.jpのページを閉じ、再度手順1からやり直してください。

4　「ライブラリに追加」をクリックします。

5　スマートフォンの場合は「audiobook.jp」をインストールしてご利用ください。パソコンの場合は「ライブラリ」から音声ファイルをダウンロードしてご利用ください。

※音声ダウンロードについてのお問合せ先：info@febe.jp（受付時間：平日10時〜20時）

本編に入る前に

● 句と節について

　句と節とは、両方とも**意味のカタマリ**と思ってくれれば大丈夫です。例えば、When he woke up, the class was over. では、When he woke up までが1つの意味のカタマリで、そこに he woke up という**SVの文構造があると、節**といいます。かつ When he woke up は was を修飾する副詞の働きをしているので、**副詞節**といいます。

　それから、I like to read comics. という文では、to read comics が「漫画を読むこと」という意味のカタマリを作っており、そこに**SVがないので、句**といいます。かつ to read comics は「漫画を読むこと」という名詞のカタマリなので、**名詞句**といいます。

　節は、**名詞節・形容詞節・副詞節**、句は**名詞句・形容詞句・副詞句**と、意味のカタマリで分類すると、6種類の意味のカタマリがあります。

● カッコについて

　名詞のカタマリ（名詞句・名詞節）は＜　　＞で表します。形容詞のカタマリ（形容詞句・形容詞節）は（　　）で表し、前の名詞を修飾します。副詞のカタマリ（副詞句・副詞節）は［　　］で表し、動詞を修飾します。

● 文の要素について

　英文の各パーツを理解するために、**S**（主語）、**V**（動詞）、**O**（目的語）、**C**（補語）、そして**M**（修飾語）という5つの記号で、文の要素として振り分けます。無理にこの5つに当てはめないほうがいい場合は、何も記号を振りません。
　Sは、I go to school. の I のような**日本語の「〜は・が」に当たる部分**です。**V**は、go のような**日本語の「〜する」に当たる部分**です。**O**は I like soccer. の soccer のような**動詞の目的語**などのことです。**C**は、I am a teacher. の a teacher のように、**主語やときに目的語の補足説明**をする記号です。

● 品詞について

　名詞・形容詞・副詞・前置詞が役割をおさえるべき主要な品詞です。**名詞**は、I like soccer. のように、I という名詞が文の**S**になったり、soccerという名詞が**文のO**になったり、I am a teacher. の a teacher のように**C**になります。**名詞は文のS・O・Cのいずれかになります。**

　形容詞は、a cute girl の cute のように**名詞を修飾**するか、He is old. の old のように**補語**になります。**形容詞は、名詞を修飾するか文の補語になるかのいずれかです。**

　副詞は、very good の very のようにうしろの**副詞や形容詞を修飾**します。You can see the world clearly. の clearly のように「はっきりと見える」と**動詞を修飾**したり、Clearly, you need to exercise. の Clearly のように「明らかに、あなたは運動する必要がある」と、**文を修飾**したりします。**副詞は名詞以外の形容詞・副詞・動詞・文を修飾**します。

　前置詞は、The train for Osaka will arrive at nine. の for のように、for Osaka「大阪行きの」という**形容詞のカタマリを作って前の名詞 The train を修飾**するか、at のように at nine「9時に」という**副詞のカタマリを作って動詞 arrive を修飾**します。**前置詞は形容詞のカタマリと副詞のカタマリを作ります。**

● 具体と抽象について

　抽象とは、簡単に言うと、**まとめ・まとまり**のことです。それを、**具体例**を用いて説明していくのが、英語の最もよくある論理展開です。例えば、

「彼は、**複数の言語**を話すことができる」

「例えば、**日本語・英語・中国語**など」

　上の例では、「**（彼の話すことのできる）複数の言語**」が**抽象表現**で、「**日本語・英語・中国語**」が**具体例**です。このつながりが見えてくると、英語長文の理解がグンと深まります。

● 因果関係について

　因果関係とは、**原因と結果の関係**のことです。英語の世界では、**こういった原因から、この結果が生まれたという因果関係をとても重要視**します。例えば、「昨日とても夜遅くに寝た」という原因から、「今日はとても眠い」という結果が生まれます。

● 関係詞

　関係代名詞（which, who, that, what）と**関係副詞**（when, where, why, how）があります。基本は、**形容詞のカタマリを作って前の名詞を説明する働きが**あります。例えば、

This is the book **which I like the best**.

「これは私が一番好きな本です」

のように、the book に which 以下で説明を加えています。

● 不定詞

　to ＋ 動詞の原形を**不定詞**といいます。S・O・Cで使う**名詞的用法**「〜すること」、名詞を修飾する**形容詞的用法**「〜する（ための）」、動詞を修飾する**副詞的用法**「〜するために」があります。例えば、

I want something hot **to drink**.

「温かい飲み物がほしい」

の to drink が**不定詞の形容詞的用法**で、something hot「温かいもの」を
修飾しています。

● 分詞と分詞構文

　分詞には、**現在分詞**（doing）と**過去分詞**（done）があります。**形容詞として
使用**すると、the window **broken** by the boy「その少年が割った窓」のよ
うに、**名詞の後ろにおいて説明を加えます**。

　一方で、**分詞を副詞として使用**すると、**分詞構文**になります。全部で3パ
ターンあり、① Doing（Done）〜, SV.、② S, doing（done）〜, V.、③ SV
〜, doing（done）.... です。例えば、
Seeing the policeman, the man ran away.
「警官を見ると、その男は逃げ去った」
の Seeing 〜 が分詞構文で、「〜すると」と接続詞を補って訳します。

健　康

ホームシックの克服法

別冊 p.2 ／制限時間 15 分／ 280 words

解答

問1 苦悩するたびに故郷に帰るようなら、今経験している困難を克服する方法が決してわからないだろう。

問2 (c)　　**問3** (c)　　**問4** (d)　　**問5** (c)

解説

問1

構文図解

[If you go home each time you start to struggle], you will
　M　　　　　　　　each time SV,「SがVするたびに」　　　　　　S　　V
never learn < how to work through the difficulties you are
　　　　　　　　　　　　　　　　　O　　　　　　　　　　　　　関係詞の省略
experiencing > .

　下線部（1）の重要なポイントは3点。1点目が、if 節の中に、**each time S V,**「**SがVするたびに**」という別の節が入り込んでいること。2点目が、**how to do**「**〜する方法**」という**疑問詞 to不定詞**が使われていること。3点目が、**関係詞の省略**があること。

構文 POINT ❶　副詞から接続詞への転用

　each time や every time は元々「毎回」という副詞です。それが、接続詞として転用されて、**each time [every time] S′V′, SV.**「**S′がV′するたびにSがVする**」と使われるようになりました。他にも、once「一度」という副詞が接続詞として転用された **once S′V′, SV.**「**一度S′がV′すると、SがVする**」があります。

1 健康
2 幸福論
3 教育論
4 医学
5 教育論
6 社会論
7 言語論
8 社会論
9 IT・テクノロジー
10 環境論

構文 POINT ❷ 疑問詞 to 不定詞

　how to do「〜する方法」と名詞のカタマリを作ります。他にも、**what to do**「何を〜すべきか」、when to do「いつ〜すべきか」、where to do「どこで〜すべきか」、which 名詞 to do「どちらの名詞を〜すべきか」などがあります。how to doも元々「どのように〜すべきか」で、**すべてにshould「〜すべきだ」のニュアンスがあります**。

構文 POINT ❸ 関係詞の省略

　difficultiesとyouの間に関係詞が省略されています。よって、the difficulties you are experiencingは「あなたが経験している困難」になります。**関係詞の省略**に気付くコツは、**名詞SVの語順**と、**目的語が欠けている**のを発見することです。the difficulties you are experiencingで名詞SVの語順、かつexperiencingの後ろの目的語が欠けているので、difficultiesとyouの間に関係詞が省略されているとわかります。

問2

（a）それでも　　（b）なぜなら　　（c）例えば　　（d）しかし
　前文の「**元の生活**との安心できるつながりをもたらしてくれる**組織やクラブもある**」を下線部（2）の後ろで、「**故郷で合唱団で歌っていたなら、大学の合唱団やアカペラグループに参加すること**を考えてみよう」と**具体化している**ので、**（c）**が正解。

論理 POINT ❶ for exampleは具体例の目印

　for example [instance] は、前の抽象的な表現を、具体例を用いて説明します。英文で**for example [instance] を見つけたら、具体例の目印となる**ので、「何の例えなのか？」と抽象を意識して、本文を読みましょう。他にも、**such as「〜のような」や前置詞のlike「〜のような」**も具体例の目印になります。具体例の目印となる表現はたくさんあるので、本書を通して、少しずつ増やしていきましょう。

（a）スポーツをすること　　（b）医療研究
（c）運動　　　　　　　　　（d）クラブ活動

　下線部（3）の後ろが、（　　　　）, whether it is achieved through playing a sport or working out at a gym, can also cause stress to disappear. 「それがスポーツを通じて、あるいはジムでトレーニングをして達成されようと、ストレスを解消できる」なので、（c）が正解とわかる。（a）は後ろの具体例の一部なので不適、（b）は無関係、（d）は前段落の内容なので不適。**スポーツやジムでのトレーニングが具体例にあたり、かつ「ストレス解消にもなる」のは（c）の「運動」になる。**

　force O to do「**Oに無理やり～させる**」から、「あなた自身を無理やり部屋から出しなさい」となるので、**（d）**が正解。

（a）より貧しい　　（b）より大きい　　（c）より近い　　（d）より軽い

　下線部（5）を含む文は、**bring O C**「**OをCの状態に至らせる**」の第5文型。

構文図解

A healthy body will bring you one step （　　　　） [to a healthy
　　　S　　　　　　V　　　　O　　　C　　　　　　　　　M
mind].

　直訳すると、「健全な肉体は、あなたを健全な精神に一歩（　　　　）くれるだろう」となる。「健全な精神に一歩近づけてくれる」となるので、**（c）**が正解。前置詞 to との相性でも、**close to**「**～に近い**」が正解とわかる。動詞の close は [klóuz]「閉じる」で、形容詞の close [klóus]「近い」としっかり区別する。

1 健康

2 幸福論

3 教育論

4 医学

5 教育論

6 社会論

7 言語論

8 社会論

9 IT・テクノロジー

10 環境論

[When you are stressed out or homesick], it's very important
　　　　　　　　M　　　　　　　　　　　　　　　　形式主語のit S V　　C
＜that you stay on campus＞. [If you go home each time you start to
　名詞節のthat「～こと」　S'　　　　　　　　M　　　　　each time SV,「SがVするたびに」
struggle], you will never learn ＜how to work through the difficulties
　　S　　　　　　V　　　　　how to do「～する方法」　　　　　O
you are experiencing＞. Another plus (of staying on campus through
関係詞の省略　　　　　　　　　　　　　S　　　　　　　　　M
tough times) is ＜that you'll find more opportunities to get involved
　　　　　　　V　　名詞節のthat「～こと」　C　　　　不定詞 形容詞的用法「～ための」
in college life＞. ＜Joining a campus organization＞ gives you a chance
　　　　　　　　　　動名詞「～すること」　S　　　　　　V　O₁　　O₂
(to meet new people and contribute to a cause). Some organizations
不定詞 形容詞的用法「～ための」　　　　　M　　　　　　　　S
and clubs can also provide comforting connections (to your old life).
　　　　　　V　　　　　　　　O　　　　　　　　　　　　M
[For example], [if you sang in a choir at home], consider ＜joining a
　　M　　　　　　　　　　　M　　　　　　　　　V　　動名詞「～すること」
college choir or a cappella group＞. [If you worked on your high school
　　　　　　O　　　　　　　　　　　　　　　　　M
newspaper or yearbook], join the same group [at college]. Don't be
　　　　　　　　　　　V　　　　O　　　　M　　　　　V
afraid ＜to try new things＞ [as well]. You could learn to play rugby or
　　　　　O　　　　　　M　　S　　　V　　　O
soccer, or join a political organization. Any involvement (on campus)
　　　　V　　　O　　　　　　　　S　　　　　　M
will take your mind [off your troubles] and introduce you [to new
V　　　O　　　　M　　　　　　V　　O　　　M
activities and friends].

Physical exercise, [whether it is achieved through playing a sport
　　S　　　　　　　　　　physical exerciseを指す　　　M
or working out at a gym], can also cause stress to disappear. Exercise
　　　　　　　　　　　　　V　　　O　to do　　　　S
keeps your body strong and energized, which can help you manage
V　　O　　　　C　　　　そしてそれは V　　O　do
the hardships (of a college lifestyle).
　　　　　　　M

1 健康
2 幸福論
3 教育論
4 医学
5 教育論
6 社会論
7 言語論
8 社会論
9 I・T・テクノロジー
10 環境論

本文訳

　神経がすり減ったりホームシックになった時は、キャンパスに留まることがとても重要だ。苦悩するたびに故郷に帰るようなら、今経験している困難を克服する方法が決してわからないだろう。苦しい時をやり過ごしてキャンパスにいるもう1つのメリットは、大学生活に関わるより多くの機会を見つけられることだ。大学の組織に参加することで、新しい人に出会い、目標に貢献する機会に恵まれる。また、元の生活との安心できるつながりをもたらしてくれる組織やクラブもある。例えば、故郷で合唱団で歌っていたなら、大学の合唱団かアカペラのグループに参加することを考えてみよう。もし高校の新聞や卒業写真の作成をしていたなら、大学でも同じグループに参加してみよう。新しいことに挑戦するのも恐れてはいけない。ラグビーやサッカーができるようになる可能性もあるし、政治グループに参加する可能性もある。キャンパス内のどんな関わり合いでも、悩みから解放して、新しい活動や友人へと導いてくれるだろう。

　運動は、スポーツでもジムでの運動でも、ストレス解消になることがある。運動によって体が強く精力的になり、そのおかげで大学生活の困難に耐えられるようになる。

語彙リスト

be stressed out	熟 神経がすり減る	yearbook	名 卒業写真
each time SV	接 SがVするたびに	political	形 政治の
struggle	動 苦悩する	involvement	名 関わり合い
plus	名 利点	trouble	名 面倒ごと
tough	形 困難な	introduce	動 導く
opportunity	名 機会	physical	形 体の
get involved in	熟 ～に参加する	exercise	名(動) 運動 (する)
organization	名 組織	work out	熟 トレーニングする
contribute to	熟 貢献する	cause O to do	動 Oを～させる
cause	名 原因・目標	disappear	動 消える
provide	動 提供する	keep O C	動 OをCに保つ
comfort	動 快適にする	energize	動 元気づける
connection	名 つながり	help O do	動 Oが～するのを助ける
choir	名 合唱団	manage	動 管理する
work on	熟 取り組む	hardship	名 苦難

▶ 単語10回CHECK

It's also a reason (to leave your room and interact with lots of new
　　　　　　　　 exerciseを指す C　　不定詞 形容詞的用法「～するための」　　 M
people). [If you're having trouble motivating yourself], remember
　　M　　　　　　　　 have trouble doing「～するのに苦労する」　　　 V
<that the hardest part of exercising is getting started>. [Once you've
　名詞節の that　　　 O　　　 動名詞「～すること」　 once S' V'「一度 S が V すると」
established a routine], you will see the benefits [right away]. Force
　　　　M　　　　　 S　　 V　　　　 O　　　　 M　　　 V
yourself to leave your room and follow a regular exercise schedule.
　 O　　 to do
You should also consider group exercise opportunities. A healthy
　 S　　　　 V　　　　　　 O　　　　　　　　 S
body will bring you one step closer [to a healthy mind].
　　　 V　　 O　　 C　　　　 M

本 文 訳

それは、部屋から出てたくさんの新しい人と交流する理由にもなる。もし、なかなかやる気にならないなら、運動で一番難しいのは、始めることだと覚えておくとよい。一度ルーティーンを確立すると、すぐにそのメリットがわかるだろう。無理やり部屋から出て、定期的な運動スケジュールに従おう。集団で運動する機会も考えてみよう。健全な肉体を持てば、健全な精神に一歩近づけるだろう。

語 彙 リ ス ト

interact with	熟	～と交流する
have trouble doing	熟	～するのに苦労する
motivate	動	動機づける
get started	熟	始める
once S V,	接	一度SがVすると
establish	動	確立する
routine	名	ルーティーン

benefit	名	利点
right away	熟	すぐに
force O to do	動	Oに無理やり～させる
regular	形	定期的な
healthy	形	健全な
bring O C	動	OをCに至らせる
close	形	近い

▶ 単語10回CHECK 1 2 3 4 5 6 7 8 9 10

When you are stressed out or homesick, it's very important that you stay on campus. If you go home each time you start to struggle, you will never learn how to work through the difficulties you are experiencing. Another plus of staying on campus through tough times is that you'll find more opportunities to get involved in college life. Joining a campus organization gives you a chance to meet new people and contribute to a cause. Some organizations and clubs can also provide comforting connections to your old life. For example, if you sang in a choir at home, consider joining a college choir or *a cappella* group. If you worked on your high school newspaper or yearbook, join the same group at college. Don't be afraid to try new things as well. You could learn to play rugby or soccer, or join a political organization. Any involvement on campus will take your mind off your troubles and introduce you to new activities and friends.

Physical exercise, whether it is achieved through playing a sport or working out at a gym, can also cause stress to disappear. Exercise keeps your body strong and energized, which can help you manage the hardships of a college lifestyle. It's also a reason to leave your room and interact with lots of new people. If you're having trouble motivating yourself, remember that the hardest part of exercising is getting started. Once you've established a routine, you will see the benefits right away. Force yourself to leave your room and follow a regular exercise schedule. You should also consider group exercise opportunities. A healthy body will bring you one step closer to a healthy mind.

▶10回音読CHECK　1　2　3　4　5　6　7　8　9　10

運動の効用

　学生時代には、体育という授業が苦痛な時があって、なんでこんな科目が授業にあるのだろうと疑問に思ったものです。私自身もサッカー、バスケット、バレーボールなどの球技は得意で大好きでしたが、長距離走、短距離走などの陸上競技は非常に苦痛で、適当にやっては当時の体育教師によく怒られていたのを思い出します。

　大学生の時も、体の代謝が良かったので、自分が太るなどとは少しも思わずに、自堕落な生活を送っていたのを思い出します。社会人になってから、ようやく運動の意義、学校での体育の授業の大切さが身に沁みてわかる時がきました。

　デスクワークが中心になって、運動をしなくなると、加齢とともに体の代謝が悪くなり、誰しも徐々に太っていきます。筋肉が衰え、脂肪が増えて代謝が悪くなると、自律神経が弱くなり、**メンタルや集中力、忍耐力、体力などのすべてにマイナスの影響**があります。体重が増えて脂肪が増えると、ガンや高血圧、脂肪肝、糖尿病などの生活習慣病にかかる確率が高くなります。

　例えば、**筋トレをすると、幸せホルモンと呼ばれるセロトニンや、やる気の源であるアドレナリンやテストステロンという脳内物質が分泌**されます。**全身の血流がアップして、気分も良くなります。**

　他にも、ジョギングに代表されるような**有酸素運動**を一定時間行うと、脂肪が燃焼されて、体が軽くなります。ジョギングでも、一定時間続けると、**ランナーズ・ハイと言われるような爽快感に包まれて、βエンドルフィンやセロトニンといった脳内の快楽物質が分泌**されます。**ストレスが軽減されて、仕事にも前向きに取り組むことができる**ようになります。

　運動習慣を作ることにより、前述したガン、高血圧、糖尿病などの生活習慣病の大きな予防になります。社会人になると、運動習慣を作るために、多くの人がお金を払ってジムに通います。学生時代に、特別なお金を払わずに、授業内で体を動かす機会が与えられる体育は、とてもありがたいことだとわかります。

　A sound mind in a sound body.「健全な精神は健全な肉体に宿る」と英語でも言われます。体を動かすこと、体を鍛えることは、勉強や仕事にもたくさんのプラスを与えてくれることでしょう。

幸福論

創造性と幸福感

別冊 p.4 ／制限時間 15 分／ 339 words

解答

(1) ②　　(2) ④　　(3) ①　　(4) ②

解説

(1)

作者は自分の母親が[＿＿＿＿]と述べている。
① 基本的な生存スキルがほとんどない
② 創造性の喜びを知っていた
③ ポテトのレシピを 1 つしか知らなかった
④ プロのデザイナーだった

第 1 段落第 2 文の後半「1 つのジャガイモだけでどれほど**創造的な**料理を作っていたのか、いまだにすごいことだと思っている」や、**同段落最終文**「チャリティイベントで売るために、古いミシンで人形やぬいぐるみなどを**作った**」から、②が正解。

解法 POINT ❶ 内容一致問題の解法

内容一致問題は、問題文を先読みして、何が問われているのかを最初に確認します。(1)(2)ともに「作者の母」に関する問なので、作者の母に対する回想である第 1 段落、第 2 段落を読んで解答に移ります。

. . . .

(2)

作者の母親は[＿＿＿＿]。
① 生活のために人形やおもちゃを作った
② チャリティイベントに出す洋服やドレスを作った
③ 子供に結婚式で歌うように頼んだ
④ 子供を創造的になるように促した

第2段落最終文「彼女にとって、創造的であることは息をするのと同じように普通のことで、暇でいると、とかく良くないことをしでかすと私たちに言いながら、**私たちが参加するのを促していた**」から、④が正解。

1 健康

2 幸福論

3 教育論

4 医学

5 教育論

6 社会論

7 言語論

8 社会論

9 IT・テクノロジー

10 環境論

(3)

　作者は￢￢ことを提案してはいない。
① 子供がフラワーデザインや内部装飾を学ぶ
② 最高の生活とは、芸術や創造的な表現で満たされている
③ 床屋、コック、建築家などの多くの人は芸術家である
④ 子供に芸術を創造する自由を与えることで、子供を幸せにする

　「フラワーデザインや内部装飾」は、第2段落第3文に登場するが、「（作者の）母親がそのような創作活動の間は歌を歌っていた」とあるだけで、**子供にこれらの活動を提案してはいない**ので、本文と不一致となり、正解。②は、第3段落第2文と合致。③は、同段落最終文と合致。④は、同段落第1文と合致。

> **解法 POINT ②　NOT問題は消去法**
>
> 　（3）のような**NOT問題**は、選択肢を1つずつ本文と照らし合わせて、**消去法で残った選択肢が正解**となります。

(4)

　このエッセイのタイトルに最もふさわしいのは、￢￢だ。
① 言葉はいじめに対する最高の武器
② 人生の困難に対する創造的な解決策
③ 子供を芸術家に育てる方法
④ 空の部屋は悪魔の作業場

　最終段落第2文「人生の困難の多くが創造的な解決策を必要としている」から、②が正解。他の選択肢は、特に本文中で言及していないので不適。

I believe <that survival skills are simply creativity at work>. [When
S V 名詞節のthat O M
I think about how my mother fed all seven of us, making us think
疑問詞「どのように〜か」 分詞構文「〜ながら」
that every day was a "different meal"]," I still appreciate <how much a
名詞節のthat S M V 疑問詞「どれほど多く〜か」
creative cook can do with a single potato>. And it wasn't just [in the
O 作者の母親が持つ創造性 S V M M
kitchen]. She would get out her old sewing machine, study pictures
S V O V O
(in books and magazines), and make other versions (of those same
M get 〜, study 〜, make 〜の3つの接続 V O M
dolls and soft toys) [to sell at church charity events].
不定詞 副詞的用法「〜するために」 M

My mother made her own clothes and all my sisters' party and
S V O
wedding dresses. I always knew <when she was making something>,
S M V 疑問詞「いつ〜か」 O
[because she would be singing]. She sang [all the way] [in flower
M S V M M
design and interior decorating]. She made <being creative>
S V O
as normal [as breathing], and encouraged our participation [by
C as 〜 as ...「…と同じくらい〜」M V O M
telling us that idle hands and minds were the devil's workshop].
名詞節のthat

I believe <that happy children are those given the freedom to express
S V 名詞節のthat O childrenを指す 過去分詞の名詞修飾 不定詞 形容詞的用法
themselves, to discover, and to create their own refrigerator door
to express 〜, to discover, to create 〜の3つの接続
masterpieces>. I also believe <that the highest quality of life is full
S M V 名詞節のthat O
of art and creative expression>, and <that all people deserve it>.
that節とthat節の接続 O 芸術と創造的な表現に
あふれた最高の生活

1 健康
2 幸福論
3 教育論
4 医学
5 教育論
6 社会論
7 言語論
8 社会論
9 IT・テクノロジー
10 環境論

本文訳

　私は、生きるのに必要なスキルとは、仕事における創造力につきるのだと思う。私の母が、私たちに毎日が「異なる食事」だと思わせながら、どうやって7人全員に食事を与えていたかを考えると、1つのジャガイモだけでどれほど多くの創造的な料理を作っていたのかを、いまだにすごいことだと思っている。それは単に台所の中だけではなかった。彼女は古いミシンを取り出し、本や雑誌で写真を研究して、教会のチャリティイベントで販売するために、写真と同じ人形やぬいぐるみを作ったものだった。

　私の母は、自分の洋服を作り、私の姉妹のパーティドレスやウェディングドレスを作っていた。私がいつ彼女が物を作っているのかを常に知っていたのは、彼女が歌っていたからだ。フラワーデザインや内部装飾の際にずっと、彼女は歌を歌っていた。彼女にとって、創造的であることは息をするのと同じように普通のことで、暇でいると、とかく良くないことをしでかすと私たちに言いながら、私たちが参加するのを促していた。

　幸せな子どもとは自分を表現して、楽しみを見いだし、冷蔵庫のドアに飾る作品を作り出す自由を与えられた子どもだと思う。また、最高の生活とは、芸術や創造的な表現にあふれていて、すべての人がそれに値すると思う。

語彙リスト

survival	名 生存		decorating	名 装飾
creativity	名 創造性		breathe	動 呼吸する
feed	動 養う		encourage	動 促す
meal	名 食事		participation	名 参加
appreciate	動 評価する		idle	形 怠けた
sewing machine	名 ミシン		workshop	名 講習会
magazine	名 雑誌		freedom	名 自由
doll	名 人形		express	動 表現する
toy	名 おもちゃ		refrigerator	名 冷蔵庫
charity	名 慈善事業		masterpiece	名 傑作
all the way	熟 ずっと		be full of	熟 〜でいっぱいだ
interior	形 内部の		deserve	動 〜に値する

I believe in a broad definition (of what art is and who artists are);
S V O 疑問詞「～は何か」 M 疑問詞「～は誰か」
barbers, cooks, and people (who care for gardens and buildings) have
S M V
as much right (to claims of artistry) [as designers, architects, and
O M as ～ as …「…と同じくらい～」 M
painters].

My first collection (of art) was a box (full of comic books). I survived
S M V C M S V
my teenage years [inspired by my favorite character], the Black
O 分詞構文「～されて」 M 同格のカンマ「すなわち」 M
Panther, (who had only his mind and no superpowers). [Although
そして (その人は) M M
my bookish reputation and thick glasses became a target for the
neighborhood bullies], I escaped [from this] [by being absorbed in
S V M M
reading].

[Ever since high school], words have continued to serve [as my
M S V 前置詞の as「～として」 M
first weapon of choice and my relief]. Many (of life's challenges) need
S M V
creative solutions. I believe <creativity — in all its many forms — can
O S V 名詞節の that の省略 O
change the way we think and operate>. <Celebrating the creativity
the way S V「SがVする方法」 動名詞「～すること」 S
around us> helps maintain our mental health and keeps us happy.
V help do「～するのに役立つ」 O V O C

本 文 訳

芸術とは何か、芸術家とはだれであるかには、広い定義があると思う。例えば、床屋、コック、庭や建物を管理する人も、デザイナー、建築家、画家と同じように芸術性を主張する権利がある。

　私の最初のアートのコレクションは、漫画でいっぱいの箱だった。私は、大好きなキャラクターのブラックパンサーという普通の人で超能力などない大好きなキャラクターの影響を受けて、10代を過ごした。私の本好きのうわさやぶ厚いメガネが近所の子どもたちのいじめのターゲットになったけれども、読書に夢中になることでいじめから逃れていた。

　高校の時からずっと、言葉は私が最初に選択する武器で、私を安心させるものだった。人生の困難の多くが創造的な解決策を必要としている。創造性があらゆる局面で、私たちの考え方や生き方を変えてくれると思う。周囲の創造性を祝福することで、私たちは心の平穏を保ち、幸せでいられるのだ。

語 彙 リ ス ト

broad	形 広い
definition	名 定義
barber	名 床屋
care for	熟 ～を管理する
right	名 権利
claim	名 主張
architect	名 建築家
collection	名 コレクション
survive	動 生き残る
teenage	形 十代の
inspire	動 影響を受ける
favorite	形 大好きな
character	名 登場人物
mind	名 精神
superpower	名 超能力
reputation	名 評判
thick	形 分厚い
glasses	名 眼鏡

target	名 標的
neighborhood	名 近所
bully	名 いじめ
escape	動 逃れる
be absorbed in	動 ～に夢中になる
ever since	熟 ～からずっと
continue to do	動 ～し続ける
serve	動 仕える
weapon	名 武器
choice	名 選択
relief	名 安心させるもの
challenge	名 課題
solution	名 解決策
form	名 形態
operate	動 機能する
celebrate	動 祝う
help do	動 ～するのに役立つ
maintain	動 維持する

▶ 単語10回CHECK 1 2 3 4 5 6 7 8 9 10

I believe that survival skills are simply creativity at work. When I think about how my mother fed all seven of us, making us think that every day was a "different meal," I still appreciate how much a creative cook can do with a single potato. And it wasn't just in the kitchen. She would get out her old sewing machine, study pictures in books and magazines, and make other versions of those same dolls and soft toys to sell at church charity events.

My mother made her own clothes and all my sisters' party and wedding dresses. I always knew when she was making something, because she would be singing. She sang all the way in flower design and interior decorating. She made being creative as normal as breathing, and encouraged our participation by telling us that idle hands and minds were the devil's workshop.

I believe that happy children are those given the freedom to express themselves, to discover, and to create their own refrigerator door masterpieces. I also believe that the highest quality of life is full of art and creative expression, and that all people deserve it. I believe in a broad definition of what art is and who artists are; barbers, cooks, and people who care for gardens and buildings have as much right to claims of artistry as designers, architects, and painters.

My first collection of art was a box full of comic books. I survived my teenage years inspired by my favorite character, the Black Panther, who had only his mind and no superpowers. Although my bookish reputation and thick glasses became a target for the neighborhood bullies, I escaped from this by being absorbed in reading.

Ever since high school, words have continued to serve as my first weapon of choice and my relief. Many of life's challenges need creative solutions. I believe creativity — in all its many forms — can change the way we think and operate. Celebrating the creativity around us helps maintain our mental health and keeps us happy.

▶10回音読CHECK 1 2 3 4 5 6 7 8 9 10

芸術の効用

　「幸福学の父」とも言われるイリノイ大学の名誉教授、エド・ディーナーによると、**幸福度の高い人は、幸福度が低い人に比べて、創造性が3倍、生産性は1.3倍、売り上げは1.37倍高い傾向にある**そうです。また**幸福度の高い人は職場で良好な人間関係を築き、転職や離職、欠勤がいずれも低い**というデータもあります。

　本文では、因果関係が逆で、**創造的な活動が幸福度を高めてくれる**ということでした。学生時代には、美術や音楽という授業の存在意義がわからなかった記憶があります。絵を描いても画家になるわけでもないし、リコーダーが上手でも、音楽家になるわけではありません。

　では、**芸術の効用**とは何でしょうか。それは、**心を豊かにしてくれること**にあります。好きな音楽を聴いている時は、元気になり幸せな気分に包まれます。好きな漫画や本を読んでいる時は、嫌なことを忘れて、幸せな気分に浸ることができます。

　受動的な姿勢から能動的な姿勢に変わると、さらに一段高い充実感に包まれます。**自ら音楽を弾いて、歌を歌うと、他には代えがたい爽快感を得る**ことができます。自らものを書いたり、絵を描いたりすることで、どんどん高揚感（こうようかん）が高まっていきます。

　ちょうど、私が本書を書いているのも創作活動で、他には代えがたい心の充実を得ることができます。将来の職業観に、**創造性**を盛り込んでみると、また違った視点を持つことができるでしょう。

1 健康

2 幸福論

3 教育論

4 医学

5 教育論

6 社会論

7 言語論

8 社会論

9 IT・テクノロジー

10 環境論

教育論

学生とアルバイト

別冊 p.8 ／制限時間 20 分／ 261 words

解答

問1 ④　　問2 ①　　問3 ②　　問4 ③　　問5 ②

解説

問1

記事で言及された調査では、学生は「□□□□」と尋ねられた。
① あなたは今まで海外でアルバイトしたことはあるか。
② あなたはアルバイトで、1週間にいくら稼ぐか。
③ あなたにとってどんな種類のアルバイトが良いか。
④ あなたはなぜアルバイトをするのか。

　第1段落第2文「その調査によると、**学生がアルバイトをするのは、友人との遊びや洋服を買うため、そして、家族を経済的に助けるためだ**と報告されている」から、アルバイトをする理由を聞いているとわかるので、④が正解。

問2

　あなたのグループは、学生がアルバイトをすることへの**賛成**意見を集めたい。この記事でのそうした意見の1つは、学生が□□□□ことだ。
① コミュニケーションが上手になる
② たいていアルバイトをしたことがある
③ 正規の仕事につける機会が増える
④ きちんとした身だしなみを学ぶ

　第2段落に、アルバイトのメリットがまとめられている。**同段落最終文**「学生はコミュニケーションの技術を上達させて、〜」から、①が正解。

1 健康
2 幸福論
3 教育論
4 医学
5 教育論
6 社会論
7 言語論
8 社会論
9 IT・テクノロジー
10 環境論

論理 POINT ❷ 複数名詞は抽象の目印

　複数名詞が抽象表現の目印になることがあります。特に、**段落1文目の後半部分**によく使用されます。**第2段落第1文の several things が抽象表現**とわかると、これ以降の文が全て具体例とわかるので、**見えない文のつながりが見えてきます。**抽象表現が「アルバイトで学べること」で、具体例が「働くことの重要さと難しさ、お金の価値、人と仲良くやる方法、コミュニケーションが上手になり、自信を得る」とわかると、問2も簡単に正解できるでしょう。

問3

　あなたのグループは、学生がアルバイトをすることへの**反対**意見を集めたい。この記事でのそうした意見の1つは、学生が◻︎◻︎◻︎ことだ。
　① 職場で役に立たない
　② 授業に集中できない可能性がある
　③ 家族とより多くの時間を費やすべき
　④ 欲しいものを買うためにアルバイトをする

　第3段落に、アルバイトのデメリットがまとめられている。**同段落第3文「働きすぎる学生は、授業中とても疲れてしまい、学校での成績が悪くなるかもしれない」**から、②が正解。

構文 POINT ❹ so 〜 that ... は因果関係

Students (who work too hard) are so tired [during class] [that they might receive poor grades in school].
S　　　　 M　　　　　　　　 V C　　　 M　　　 so 〜 that ... 「とても〜なので…」
　　　　　　　　　　　　　　　　　　　　　　　　　M

so 〜 that ...「とても〜なので…」は、**that の前後で因果関係を作る**ので、よく設問で狙われる。この文でも、「働きすぎな学生は授業中疲れている」という原因で、「学校での成績が悪くなるかもしれない」という結果に至ることがわかれば、問3も簡単に正解できる。

問4

もし学生が週に20時間以上働くと、彼らは［　　　　］かもしれない。

①　もっと給料のいい仕事が必要だと感じ始める
②　アルバイトで熱心に働き続ける
③　卒業後に一生懸命働くことに興味が失せる
④　家族から自立したくなる

　第4段落最終文「研究によると、もし学生が**週に20時間以上アルバイトをする**なら、おそらく**上記のマイナスの一部を経験**するだろうとわかっている」と、**第3段落**であげられているマイナスとは、「学業にマイナス」、「仕事と学校の両立が難しい」、「働きすぎると、仕事への興味が失せて、**卒業後に働く意欲が失せる**」とあることから、③が正解。

| 解法 POINT ❸ | スキャニング |

　解法POINT①で示したように、内容一致問題は、問題文のリード文を先読みしますが、その中でも**特定の用語に着目して、本文での該当箇所を特定する技術をスキャニング**と言います。スキャニングする表現は、**固有名詞、数字、使用頻度の低い単語**など、問題の該当箇所が容易にわかる表現です。問4では、work over 20 hours a week が数字を含んだ表現なので、スキャニングの対象となり、容易に本文の第4段落最終文の該当箇所が発見できると、問4が簡単に正解できるでしょう。

問5

この記事の作者は、アルバイトをする学生に［　　　　］。

①　特に意見を持たない
②　一部は賛同する
③　強く賛同する
④　強く反対する

　第4段落第2文、第3文「私の意見では、アルバイトは学生にとって**必ずしも悪いわけではない。要は、学生が過度にアルバイトをするべきではないのだ**」から、作者は適度にやるのなら、アルバイトに賛成とわかるので、②が正解。

1
健康

2
幸福論

3
教育論

4
医学

5
教育論

6
社会論

7
言語論

8
社会論

9
IT・テクノロジー

10
環境論

You are going to have a debate (about students working part-
S　　　　　V　　　　　　O　　　M　　　　動名詞の主語　　　　　動名詞「〜すること」

time). [In order to prepare for the debate], your group is reading the
　　　　　　　　　　　M　　　　　　　　　　　　S　　　　　V　　　O

article below.
　　　　M

Students and Part-Time Jobs

[According to a recent survey], about 70% (of Japanese high school
　　　　　　M　　　　　　　　　　S　　　　　　　　　M

and university students) have worked part-time. The survey also
　　　　　　　　　　　　　　V　　　　　M　　　　　S　　　　M

reports <that students have part-time jobs because they need money
V　　　　名詞節の that「〜こと」　　　　　　　　　　　O

for going out with their friends, buying clothes, and helping their
　　　　　　　　　　　　　　　　　　　going 〜, buying 〜, helping 〜の3つの接続

families financially>. [Even with such common reasons], we should
　　　　　　　　　　　　　　　　　　　M　　　　　　　　　S　　V

consider the following question: Is it good or bad for students
　　　　　　　　O　　　　　　　　　V S 形式主語の it　　C　　不定詞の主語

<to work part-time>?
S′ 不定詞 名詞的用法「〜こと」

Some people believe <that students learn several things from
　　S　　　V　　　　　名詞節の that「〜こと」　　　O

working part-time>. They come to understand the importance and
　　　　　　　　　　　　S come to do「〜するようになる」V　　　O

difficulty (of working) [as well as the value of money]. Moreover,
　　　　M　　　　　　B as well as A「Aだけでなく Bも」　　M　　　M

they learn <how to get along with people>. Students can improve
S　　V　　how to do「〜する方法」　　　O　　　　S　　　V

their communication skills and gain confidence.
　　　　　O　　　　　　　　　V　　O

Others think <that there are negative points about students
　S　　V　　名詞節の that「〜こと」　　　O　　　　　動名詞の主語

working part-time>. First, it may harm their studies. Students (who
　　　　　　　　　　　M　　S　　V　　　　O　　　　S　　M
動名詞「〜すること」

work too hard) are so tired [during class] [that they might receive
　　　　　　　V　C　　　　M　　　so 〜 that ...「とても〜なので…」　M

poor grades in school].

あなたは学生がアルバイトをすることへの議論に参加する予定だ。議論に備えるために、あなたのグループは下の記事を読んでいるところだ。

学生とアルバイト

最近の調査によると、日本の高校生や大学生のおよそ70%が、アルバイトの経験がある。また、その調査によると、学生がアルバイトをするのは、友人との遊びや洋服を買うため、そして、家族を経済的に助けるためだと報告されている。そうしたよくある理由とともに、私たちは次の質問を考慮すべきだ。学生がアルバイトをすることは良いことか悪いことか。

学生がアルバイトをすることで、いくつかのことを学習できると考える人もいる。学生は、お金の価値だけではなく、働くことの重要さや大変さを理解できるようになる。さらに、人と仲良くやる方法も学ぶことができる。学生はコミュニケーションの技術を上達させて、自信を持てるようになる。

学生がアルバイトをすることにデメリットがあるという人もいる。第一に、アルバイトは勉強にマイナスになるかもしれない。働きすぎる学生は、授業中とても疲れてしまい、学校での成績が悪くなるかもしれない。

debate	名 議論	following	形 次の
part-time	副(形) アルバイトで(の)	several	形 いくつかの
in order to do	熟 ～するために	come to do	熟 ～するようになる
prepare for	熟 ～の準備をする	difficulty	名 困難
article	名 記事	B as well as A	熟 AだけでなくBも
below	副 下の	moreover	副 さらに
according to	熟 ～によると	how to do	熟 ～する方法
recent	形 最近の	get along with	熟 ～と仲良くやる
survey	名 調査	gain	動 手にする
report	動 報告する	confidence	名 自信
go out with	熟 ～と外出する	negative	形 否定的な
financially	副 金銭的に	harm	動 害を与える
common	形 よくある	receive	動 受け取る
consider	動 考慮する	grade	名 成績

▶ 単語10回CHECK　1　2　3　4　5　6　7　8　9　10

1 健康
2 幸福論
3 教育論
4 医学
5 教育論
6 社会論
7 言語論
8 社会論
9 IT・テクノロジー
10 環境論

Second, it seems difficult for students <to balance work and school>.
M　形式主語のit S　V　　C　不定詞の主語　　不定詞 名詞的用法「～こと」　S′

This could cause stress. Third, students may develop negative views
S　V　　O　　M　S　V　　O

(of work itself) [by working too much]. They may become less
　M　　M　S　V　　C

motivated [to work hard after graduation].
　　M

What do you think? [In my view], part-time work is not always bad
O　S　V　　M　　S　V　M　C

[for students]. My point is <that students shouldn't do too much
M　S　V　名詞節のthat「～こと」　C

part-time work>. Research suggests <that if students work part-
S　V　名詞節のthat「～こと」　O

time over 20 hours a week, they will probably have some of the

negative experiences mentioned above>.
　　過去分詞の名詞修飾

40

第二に、学生が仕事と学業のバランスを取ることは難しいように思える。これはストレスの元になる可能性がある。第三に、学生は働きすぎることで仕事への興味が失せるかもしれない。卒業後に一生懸命働くモチベーションがわかないかもしれない。

　あなたはどう思うか。私の意見では、アルバイトは学生にとって必ずしも悪いわけではないと思う。要は、学生が過度にアルバイトをするべきではないのだ。研究によると、もし学生が週に20時間以上アルバイトをするなら、おそらく上記のマイナスの一部を経験するだろうとわかっている。

1 健康
2 幸福論
3 教育論
4 医学
5 教育論
6 社会論
7 言語論
8 社会論
9 IT・テクノロジー
10 環境論

語 彙 リ ス ト

☐ cause	動 引き起こす	☐ not always	熟 いつも〜とは限らない
☐ view	名 考え	☐ suggest	動 示す
☐ motivate	動 動機づける	☐ probably	副 おそらく
☐ graduation	名 卒業	☐ mention	動 言及する

▶ 単語10回CHECK 1 ☐ 2 ☐ 3 ☐ 4 ☐ 5 ☐ 6 ☐ 7 ☐ 8 ☐ 9 ☐ 10 ☐

You are going to have a debate about students working part-time. In order to prepare for the debate, your group is reading the article below.

Students and Part-Time Jobs

According to a recent survey, about 70% of Japanese high school and university students have worked part-time. The survey also reports that students have part-time jobs because they need money for going out with their friends, buying clothes, and helping their families financially. Even with such common reasons, we should consider the following question: Is it good or bad for students to work part-time?

Some people believe that students learn several things from working part-time. They come to understand the importance and difficulty of working as well as the value of money. Moreover, they learn how to get along with people. Students can improve their communication skills and gain confidence.

Others think that there are negative points about students working part-time. First, it may harm their studies. Students who work too hard are so tired during class that they might receive poor grades in school. Second, it seems difficult for students to balance work and school. This could cause stress. Third, students may develop negative views of work itself by working too much. They may become less motivated to work hard after graduation.

What do you think? In my view, part-time work is not always bad for students. My point is that students shouldn't do too much part-time work. Research suggests that if students work part-time over 20 hours a week, they will probably have some of the negative experiences mentioned above.

アルバイトの功罪

　本文でも一部紹介されていましたが、改めて**アルバイトの功罪**について説明していきます。早い人は小学校や中学校から新聞配達などのアルバイトを始めて、高校生になると、いろいろな店でアルバイトができるようになります。本文にもあったように、学生の本分は勉強なので、アルバイトをしすぎると、勉強に支障が出てしまいます。

　メリットとしては、本文にあったように、**お金の価値、働くことの重要性と大変さ、周りの人とうまくやる方法**などを学ぶことができます。他にも、働いてお金を稼ぎ、自分の欲しいものを買ったり、自分の好きなようにお金を使ったりすることができます。では、数ある中で、**アルバイトで学ぶことのできる最も大切なこと**は何でしょうか。

　それは、**自立への一歩を踏み出せること**でしょう。**10代や20代で最も大切なことは、親から自立すること**です。良い大学に行くことでも、世間でいう立派な職業につくことでもありません。親元から離れて、自分一人で生きていける術を身につけることです。**自立とは、自分のやれる範囲で生きていく術を身に付けること**を意味します。

　自立して生きていくことは、とても大変なことです。誰しも急に自立できるわけではありません。例えば、高校生までもらっていたお小遣いを、大学生になったら拒否して、その分自分で使いたいお金をアルバイトで稼ぐようにします。まだ、家賃や食費、水道光熱費などの必要なお金を親に出してもらっていますが、少なくとも洋服などの自分が欲しいもののお金をアルバイトで稼ぐこと、娯楽費などを自分で稼ぐことは、まぎれもなく自立への一歩になります。

　では、アルバイトはいつから始めたら良いのでしょうか。家庭の事情で早いうちからアルバイトをしなければならない人もいるでしょう。経済的な必要性がない場合は、自立を見据えてアルバイトを始めていけば良いでしょう。高校卒業と同時に親から自立して働くのならば、高校生の時から始めれば良いでしょうし、大学卒業と同時に親から自立して働くのならば、大学生の時から始めれば良いでしょう。

　自分で稼いだお金の範囲で生きていくことは、自立そのものを意味します。自分で稼いだお金でやりたいことをするためのアルバイトは、**自立への大切な一歩を意味する**ことになります。

問題	
4	医 学

右脳と左脳の違い

別冊p.12／制限時間20分／ 324 words

解答

1. （ア）③　（イ）①　（ウ）②　（エ）③

2. [1] ③　　[2] ②　　[3] ④　　[4] ①

3. ①

解説

1.

（ア）　① 事故　　　　　② 病気
　　　　③ 傷害　　　　　④ 痛み
（イ）　① 判断した　　　② 宣言した
　　　　③ 終えた　　　　④ わかった
（ウ）　① 十分に　　　　② 一般的に
　　　　③ ほとんど〜ない　④ 国際的に
（エ）　① 選ぶ　　　　　② 知らせる
　　　　③ 提案する　　　④ 伝える

　（ア）は、「脳の左前頭部の**損傷**に苦しんだ」から③が正解。④の pain「痛み」は一瞬悩むが、「損傷」は「傷害」のことなので、③の injury が適切。

　（イ）は、**conclude「結論を下す」**から、① **decided が一番近いので正解**。④「わかった」は一瞬悩むが、あくまで本文は「医師は、言語が左脳で作られていると結論を下した」＝「医師は〜と判断した」の意味なので、①が正解。④ knew の「わかった」と「結論を下した」は趣旨が異なる。

44

> **語彙 POINT ①**　-cludeはclose「閉じる」の意味

　conclude は **con**「完全に」＋ **clude**（＝close）「閉じる」から、「**結論を下す**」の意味になります。同様に include は **in**「中に」＋ **clude**「閉じる」＝「**含む**」、exclude は **ex**「外に」＋ **clude**「閉じる」から「**除外する**」の意味になるので、セットで覚えておきましょう。

（ウ）は、widely「広く」なので、② generally「一般的に」が正解。
（エ）は、recommend「すすめる」は、③ suggest「提案する」と同じ意味。

. . . .

2.

①　なぜなら　　②　しかし　　③　原因で　　④　一方で

　空欄①の前後は、「彼がこの名前（タン）を与えられた」と「彼が抱えていた言葉の問題」という情報。続いて、「彼が唯一話せた言葉は、『タン』だった」とある。すると、「彼が抱えていた言葉の問題**が原因で**、この名前を与えられた」と**原因と結果の関係**がわかるので、③ **due to**「～が原因で」**が正解**とわかる。因果関係を作る表現は、非常によく狙われるので要注意。

> **論理 POINT ③**　因果関係を作る表現（前置詞句）

because of ／ due to ／ owing to ／ on account of「～が原因で」
thanks to「～のおかげで」
as a result「結果として」

　空欄②は、この文の最初の Of course を受けての表現で、② **but** が正解。**Of course, ～, but ....** の**譲歩⇒逆接⇒筆者の主張の表現**に注意する。

　譲歩とは、反対説の一部を認めることで、相手の反論を封じて説得力を高める論理的表現の1つです。以下の表現が出てきたら、**逆接（but や however）がきて筆者の主張**がくることに注意しましょう。
Of course「もちろん」
Certainly, ～. ／ It is true that ～. ／ True, ～.「**確かに～**」
may（might）「～かもしれない」

　空欄3の前後が、「芸術家、ミュージシャン、ダンサー、デザイナー、そしてより創造的な人は、右脳を使って考える傾向にある」と「弁護士、技術者、そして科学者は左脳を使って考える傾向にある」という**対比構造**になっているので、④ whereas「**一方で**」が正解。

　対比構造を作る表現をまとめます。これらの表現を見たら、**何と何がどんな点で対比されているのか**を考えましょう。
on the other hand ／ in contrast ／ while ／ whereas
「一方で」
but ／ however ／ yet「しかし」
nevertheless「それにもかかわらず」

　続いて、空欄4の前後が、「自分がどちらのタイプの人間かを知ることで、自分をより理解できるようになる」が結論で、「右脳中心の人と左脳中心の人は、勉強、問題解決、様々なテーマの学習において方法が異なる」が理由となっているとわかる。**SVの文構造をつなぐ接続詞が必要なので**、① because が正解。

1 健康

2 幸福論

3 教育論

4 医学

5 教育論

6 社会論

7 言語論

8 社会論

9 IT・テクノロジー

10 環境論

論理 POINT ❻ 理由を意味する表現

　理由を作る表現をまとめます。これらを見たら、どういった理由から、どんな結果（結論）に至るのかを考えましょう。

because ／ since ／ as「〜だから」
so ／ that's why 〜.「だから〜」
therefore ／ thus「したがって〜」

3.

① ほとんどの人が考えるのに脳の両側を使う。
② 学校は、学生に強いかどうかを判断するテストを行う。
③ 自分を改善するには、脳の一方を他方より強くするべきだ。
④ 問題を解決するために、自分が左脳優勢か、右脳優勢かを知る必要がある。

第2段落第2文「右脳か左脳だけを使う人はほぼいない」から、①が本文と一致。

②は、第3段落最終文に「学生の長所を確かめるテスト」とあるが、「強いかどうか」ではないので、不一致。

③は、第3段落第2文「自分を改善するのに、脳の一方の側を強化する方法に関して書かれた本はたくさんある」とあるだけで、「強くするべきだ」ではないので、不一致。

④は、第3段落第1文「右脳中心と左脳中心の人は、問題解決の方法などが異なるから、自分がどちらのタイプの人間かを知ることで、自分をよりよく理解できる」とあるだけで、「問題を解決する」という目的で、「左脳中心か右脳中心かを知る」という手段が必要とは書かれていないので、不一致。

The thinking part (of the human brain) has two parts, the right
S　　　　　　　　　　　　　　　M　　　　　　　V　　O　同格のカンマ「すなわち」

side and the left side. Scientists began <to study these two sides>
O′　　　　　　　　　　　S　　　　V　　不定詞名詞的用法「～こと」　　　　O

[way back] [in 1861] [with a patient nicknamed Tan]. He was given
M　　　　　M　　　M　　　　　過去分詞の名詞修飾　　　S　　V

this name [due to a speech problem he had]: the only word (he could
O　　　　　　　　M　　　　関係詞の省略　　　S　　関係詞の省略　M

say) was 'Tan'. Doctors found <that he had suffered some damage to
V　　C　　　S　　　V　　名詞節の that　　　　　　　O

the left front part of his brain>. They also found <that eight other
　　　　　　　　　　　　　　　doctorsを指す　S　　M　　V　名詞節の that　　　O

people who had language problems all had something wrong with the
　　　　　　　　　　　　　　　言語障害がある人が左脳に問題があったこと

same part of their brain>. [From this], the doctors concluded <that
　　　　　　　　　　　　　　　　　　M　　　　S　　　V　　名詞節の that

language was made in the left brain>. This theory became widely
O　　　　　　　　　　　　　　　S　　　　V　　C

accepted [in the 1960s and 1970s] (when researchers found that
　　　　　　M　　　　　　　　「そしてその時」　　M　　名詞節の that

each side of the brain controls different types of behavior).

[According to the right brain/left brain theory], there are two types
　　　　　M　　　　　　　　　　　　　　　　　M　V　　S

of people: those (who think with their right brain) and those (who
　　　　　S′　　　M　　道具の with「～を使って」　　　　S′　　M

think with their left brain). [Of course], almost no one is completely
　　道具の with「～を使って」　　　M　　　　S　　V　　C

right-brained or left-brained, but their way (of thinking) is different
　　　　　　　　　　　　　　　　　　S　　　M　　V　　C

[because people mostly use one side of their brain over the other].
　　　　　　　　　M

Neither side is more intelligent [than the other], and there is no
S　　　V　　C　　　　　M　　　　　M　V　S

'better' way (to think).
　　　　　　M

本 文 訳

　人の脳の思考をつかさどる部位は、右側と左側の2つの部分だ。科学者は、タンというあだ名の患者と、かなり昔になるが、1861年にこの2つの部位を研究しはじめた。彼は、自分の抱えている言葉の問題が原因で、この名前をつけられた。彼は「タン」としか言うことができなかったのだ。医師は、彼が脳の左前頭部の損傷に苦しんでいることがわかった。また、言語に問題を抱える他の8人全員が、脳の同じ部位に何かしらの異常を抱えているとわかった。このことから、医師は、言語は左脳で作られていると結論を下した。この理論は1960年代と1970年代に広く受け入れられるようになって、その当時研究者は脳の各部位が様々な種類の行動を司ることがわかった。

　この脳の右脳・左脳理論によると、2種類の人が存在する。すなわち、右脳を使って考える人と左脳を使って考える人だ。もちろん、右脳か左脳だけを使う人はほぼいないが、人の考え方が異なるのは、脳の一方よりも他方を多く使うからだ。どちらの側が優れているということはないし、より「優れた」考え方というのもない。

語 彙 リ ス ト

brain	名 脳	widely	副 広く
scientist	名 科学者	accept	動 受け入れる
begin to do	動 ～し始める	control	動 支配する
way back	熟 ずっと以前に	behavior	名 行動
patient	名 患者	according to	熟 ～に従って
due to	熟 ～が原因で	those who	熟 ～する人々
speech	名 話すこと	almost	副 ほぼ
suffer	動 苦しむ	completely	副 完全に
have something wrong with ～	熟 ～はどこかおかしい	mostly	副 ほぼ
conclude	動 結論を下す	neither	形 どちらの～もない
theory	名 理論	intelligent	形 知性のある

▶ 単語10回CHECK　1　2　3　4　5　6　7　8　9　10

1 健康

2 幸福論

3 教育論

4 医学

5 教育論

6 社会論

7 言語論

8 社会論

9 IT・テクノロジー

10 環境論

49

Those (who are right-brained) are generally more emotional, more
S / M / V / C / C

creative, and better [at the arts]. Those (who are left-brained) are
C / M / S / M / V

usually more logical and better [with numbers]. Artists, musicians,
C / M / S

dancers, designers, and more creative people tend to be right-brain
artists, musicians, dancers, designers, more creative people の5つの接続 / V / C

thinkers, whereas lawyers, engineers, and scientists tend to be left-
S / V / C

brain thinkers.

<Knowing which type of person you are> can help you to understand
動名詞 / 疑問詞「どの〜」 / S / V / O / to do

yourself better, [because right-brained and left-brained people have
M

different ways of studying, solving problems, and learning different
studying, solving 〜, learning 〜の3つの接続

subjects]. And there are many books (that have been written on how
M / V / S / 関係代名詞の that / M / 関連の on「〜に関して」

you can strengthen one side of your brain to improve yourself).
不定詞 副詞的用法「〜するために」

Schools have created tests (to identify students' strengths, and then
S / V / O / 不定詞 形容詞的用法 / M

recommend careers based on a student's right- or left-brained ability).
分詞構文「〜に基づいて」

右脳型の人は全般的に感情的で、創造的で、芸術に優れた感性を持つ。左脳型の人は、たいていはより論理的で数字が得意だ。芸術家、ミュージシャン、ダンサー、デザイナー、そしてより創造的な人は、右脳を使って考える傾向にあり、一方で弁護士、技術者、そして科学者は左脳を使って考える傾向にある。

　自分がどちらのタイプの人間かを知ることで、自分をよりよく理解できるのは、右脳中心と左脳中心の人では、勉強のやり方、問題解決の方法、多様なテーマの学習の仕方が異なるからだ。そして、より成長するために脳の一方の側を強化する方法に関して書かれた本はたくさんある。学校は学生の長所を確認して、右脳中心、左脳中心の能力に基づいて進路をすすめるテストを作成している。

1 健康

2 幸福論

3 教育論

4 医学

5 教育論

6 社会論

7 言語論

8 社会論

9 IT・テクノロジー

10 環境論

語 彙 リ ス ト

generally	副 全般的に	solve	動 解決する
emotional	形 感情的な	subject	名 テーマ
logical	形 論理的な	strengthen	動 強化する
tend to do	動 ～する傾向にある	identify	動 確認する
whereas	接 一方で	strength	名 長所
lawyer	名 弁護士	recommend	動 推薦する
engineer	名 技師	career	名 経歴
help O to do	動 Oが～するのを助ける	based on	熟 ～に基づいて

▶ 単語10回CHECK　1　2　3　4　5　6　7　8　9　10

The thinking part of the human brain has two parts, the right side and the left side. Scientists began to study these two sides way back in 1861 with a patient nicknamed Tan. He was given this name due to a speech problem he had: the only word he could say was 'Tan'. Doctors found that he had suffered some damage to the left front part of his brain. They also found that eight other people who had language problems all had something wrong with the same part of their brain. From this, the doctors concluded that language was made in the left brain. This theory became widely accepted in the 1960s and 1970s when researchers found that each side of the brain controls different types of behavior.

According to the right brain/left brain theory, there are two types of people: those who think with their right brain and those who think with their left brain. Of course, almost no one is completely right-brained or left-brained, but their way of thinking is different because people mostly use one side of their brain over the other. Neither side is more intelligent than the other, and there is no 'better' way to think. Those who are right-brained are generally more emotional, more creative, and better at the arts. Those who are left-brained are usually more logical and better with numbers. Artists, musicians, dancers, designers, and more creative people tend to be right-brain thinkers, whereas lawyers, engineers, and scientists tend to be left-brain thinkers.

Knowing which type of person you are can help you to understand yourself better, because right-brained and left-brained people have different ways of studying, solving problems, and learning different subjects. And there are many books that have been written on how you can strengthen one side of your brain to improve yourself. Schools have created tests to identify students' strengths, and then recommend careers based on a student's right- or left-brained ability.

『話を聞かない男、地図が読めない女』

　本文にあったように、**左脳は言語や計算力、論理的思考をつかさどる脳**です。左脳優位の人は言語能力に秀でており、単純計算が得意で、論理的に筋道立てて考えることができます。一方、**右脳はイメージ力や記憶力、想像力やひらめきをつかさどる脳**です。それにより、右脳で**空間認識能力**をつかさどります。

　私自身は地図が読めない、車の駐車のバックが苦手なので、空間認識能力は低く、一方で、言語や単純計算は得意なので、左脳優位型なのかと思います。

　タイトルの『話を聞かない男、地図が読めない女』は、シリーズ累計350万部を突破した大ベストセラー本のタイトルです。男性脳と女性脳という性別の違いで、脳の働きを説明したものです。

　タイトルにあるとおり、**一般的に男性は共感能力に欠けているので、人の話を聞かない、一方で女性は共感能力にたけているので、人とのおしゃべりが大好き**です。

　男性が、縦列駐車が得意で、地図に頼らなくても看板だけで目的地にたどりつけるのも、空間認識能力にたけているからです。一方で、地図を読むのが苦手な女性が多いのは、空間認識能力が低い人が多いことが原因のようです。

　ちなみに私自身は、前述のとおり、地図が読めない、車の駐車のバックが苦手なので、空間認識能力は低い自覚があります。かといって、人の話をしっかりと聞くかと言われると、それもはっきりとうなずけるわけでもありません…。

　あくまでこのような一般化は、いくつかの事例にあてはまる一方で、例外もあるととらえておくくらいが良いのかもしれません。

1 健康

2 幸福論

3 教育論

4 医学

5 教育論

6 社会論

7 言語論

8 社会論

9 IT・テクノロジー

10 環境論

5

親から学ぶ正直さ

別冊p.16／制限時間20分／285 words

解答

1. （b）
2. ① お釣_つり　⑤ 褒美_{ほうび}
3. レストランでのお釣りがいくらになるかを計算し直した。
4. レストランで、およそ5ドル余計にお釣りを受け取っていたこと。
5. エ
6. （イ）right　（ウ）honesty
7. 多くの場合、真実を言うことで、私たちが思いもよらなかった素敵なことが起こる。

解説

1.

（a）いつ　　（b）何か　　（c）こと　　（d）どこで

（　ア　）は、「子供は『正直であるとは**何か**』を親から学ぶ」から、**(b) what** が正解。(c) that は、後ろが完全文（名詞の欠けがない文）でなければいけないので不正解。本問は、honesty is の後ろの補語が欠けている不完全文（名詞が欠けている文）。

構文 POINT ❺ 疑問詞の名詞節

　疑問詞が名詞節を作ることに注意しましょう。what「何が（を）～か」、「～は何であるか」、who「誰が（を）～か」、which「どちらが（を）～か」、when「いつ～か」、where「どこで～か」、how「どのように～か」という名詞のカタマリを作ります。

1 健康

2 幸福論

3 教育論

4 医学

5 教育論

6 社会論

7 言語論

8 社会論

9 ＩＴ・テクノロジー

10 環境論

2.

下線部①changeは名詞で「変化」という意味。「**店員に差し出してお札を硬貨に変えてもらう**」という文脈から「**お釣り**」の意味になる。下線部⑤のrewardはre「後ろに」＋ward「目を向ける」から、「**これまでの行いを見て報いを与える**」から「**報酬**」、「**褒美**」の意味になる。

3.

下線部② reviewed the arithmeticは直訳すると「算数を見直した」だが、ここでの「算数」は具体的に何を指すのかを示せば、正解になる。前文のShe gave me too much money back.「彼女は私にお金を払い戻しすぎた」から、「**料金に対して支払ったお金と受け取ったお釣りの計算**」のことだとわかる。

4.

thisは前文を指すので、「**レストランで、およそ5ドル余計に受け取っていたこと**」が正解。

5.

ア．動機づけられる　　イ．怒った
ウ．幸せな　　　　　　エ．気の進まない

下線部④Alicia wasn't quite as enthusiasticは、省略を補うとAlicia wasn't quite as enthusiastic **as her father**「アリシアは父親ほど（お釣りを返すのに）前向きではなかった」なので、**エ unwilling**「**気の進まない**」が正解。not quiteで「あまり～ではない」の表現。

構文 POINT ❻　as ～ as ... のas ...の省略

as ～ as ...「…と同じくらい～」の2個目のas ... が、省略されることがあります。

（例文）

The leader was absent and his substitute wasn't quite **as good**.

訳 リーダーは欠席していて、代役は、彼ほど上手ではなかった。

この例文でも、as goodの後ろにas the leaderが省略されています。この例文のように、文脈から明らかな場合、**as ～ as ... の2個目のas ... は省略される**ことがあるので、注意しましょう。

（　イ　）は、手前にbutがあるので、逆接の内容に着目する。「アリシアがあまり乗り気ではなかったのは、自分たちがどう余分にもらった5ドルを使うかを想像していたからだが、彼女は父親が（　　　）とわかっていた」から、「正しい」に相当する**right**が正解。

（　ウ　）は、**Honesty pays off.**「**正直者が報われる**」という頻出表現で、かつ第1段落第1文what honesty is「正直であるとは何か」からも、**honesty**が正解。

- -

7.

構文図解

[lots of times] ＜telling the truth＞ makes nice things happen
　　　M　　　　　動名詞「～すること」S　　　V　　　O　　　do
(that we didn't expect)."
関係代名詞のthat　　M

「多くの場合、真実を言うことで、予想もしなかった素敵なことが起こる」

---

lots of timesは「多くの場合」という副詞句。tellingが動名詞で「～こと」の名詞のカタマリを作り、文のSとなっている。thatは関係代名詞で、先行詞のnice thingsを説明する。このように、**先行詞と関係詞節が離れる現象を分離**といい、注意が必要になる。

構文 POINT ⑦　分離

（例文）

The time will come when we can travel to the moon.

訳 私たちが月に旅行できる日がやってくるだろう。

　この例文でも、The time will come.「その時がやってくるだろう」で、まず「どんな時なのか？」と考えることが重要です。すると、when we can travel to the moonと後ろにあるので、「私たちが月に旅行できるとき」と説明がつきます。このように、主語や目的語を修飾する関係詞節が長いとき、**長いものは後ろに**という発想から、先行詞と関係詞節が離れる**分離**の現象が起きるので注意しましょう。

1
健康

2
幸福論

3
教育論

4
医学

5
教育論

6
社会論

7
言語論

8
社会論

9
IT・テクノロジー

10
環境論

構文 POINT ⑧ 無生物主語 make O Cは因果関係

（例文）

His jokes **made me laugh**.

訳 彼の冗談で、私は笑ってしまった。

His jokesという**無生物主語**と**make**の**第5文型**が合わさると、**主語とOC間に因果関係**が生まれます。よって、「**主語が原因で、OがCになる**」と訳しましょう。下線部⑥も、「多くの場合、真実を言う」という原因で、「私たちが予想もしていなかった素敵なことが起きる」という結果になるという**因果関係**を確認しましょう。よって「多くの場合、真実を言うことで、〜な素敵なことが起こる」と訳します。

Children learn <what honesty is> [from their parents]. <What we
S　　V　　疑問詞「～は何か」　　　　　O　　　　M　　　疑問詞「何を～か」　S

do and what we say> provide a living example (of what it means
　　　　　　　　　　　　V　　　　　　O　　　　　　M　　形式主語のit

to be honest). Our children notice <how we handle the myriad
不定詞 名詞的用法　　　S　　　　V　　疑問詞「どのように～か」　　　O

situations life offers up>, and [when they are young], [at least], they
　　　　　関係代名詞の省略　　　　　　M　　　　　　M　　　S

assume <that our way is the right way to do things>.
V　　　名詞節のthat　　　　O　　　不定詞 形容詞的用法

[As nine-year-old Alicia and her father were leaving a restaurant
時のas「～とき」　　　　　　　　　　M

after lunch], Dad absentmindedly stared at the change (the cashier
　　　　　　　S　　　　M　　　　V　　　O　　　関係代名詞の省略

had given him). [A few feet into the parking lot], he realized
　　M　　　　　　　M　　　　　　　　　S　　V

<a mistake had been made in his favor>. "Just a second, Alicia,
名詞節のthatの省略　　　　　O　　　　　　　　O

something's wrong here." Dad said, [holding out the change for her to
　　　　　　　　　　　　S　　V　分詞構文「～しながら」M　　不定詞の主語　不定詞 副
　　　　　　　　　　　　　　　　　　　　　　　　　　　　　　　　　詞的用法

see]. "She gave me too much money back."
　　　　S　　V　O₁　　　O₂　　　M

Father and daughter reviewed the arithmetic and discovered <that
　　S　　　　　　V　　　　O　　　　　V　　名詞節のthat

they'd received about five dollars too much>. "Let's go back in and
　　　　　O

straighten this out," Dad said.
「お釣りを多くもらったこと」　S　V

Alicia wasn't quite as enthusiastic, [since she was imagining how
S　　V　　　C　　as her dadの省略 理由のsince M 疑問詞「どのように～か」

they could use the extra five dollars], but she knew <her dad was
　　　　　O　　　　　　　　　　　S　V 名詞節のthatの省略 O

right>. The cashier was very grateful and explained <that she would
　　　S　　V　　C　　　　V　　名詞節のthat　O

have had to make up the difference with her own money at the end of

the day>.

58

子どもは親から正直であるとは何かを学ぶ。私たちの言動が、正直であることが何を意味するかの生きた例になる。子どもは、私たちが人生で生じる無数の状況にどう対処するかを目にして、少なくとも若い時は、大人のやり方が正しいと思いこむ。

9歳のアリシアと彼女の父親は、昼食後にレストランを出ようとした時、父親がレジでもらったお釣りをぼうっと見つめていた。駐車場に入って数フィート歩くと、彼は自分が得するある間違いに気づいた。「ちょっと待って、アリシア、何かおかしい」と、彼女が見えるようにお釣りを握りしめて、父は言った。「彼女はお金を多く返しすぎたのだ」。

父と娘は計算し直して、約5ドル多く受け取ったとわかった。「戻ってお釣りを返して来よう」と父が言った。

アリシアがあまり乗り気ではなかったのは、自分たちがどう余分にもらった5ドルを使うかを想像していたからだが、彼女は父親が正しいとわかっていた。レジ係はとても感謝して、その日の終わりに、彼女のお金でその差を埋め合わせしなければならなかっただろうと説明した。

honesty	名 正直さ	mistake	名 間違い
provide	動 提供する	in one's favor	熟 ～の有利に
living	形 生きている	just a second	熟 ちょっと待って
notice	動 気付く	wrong	形 間違っている
handle	動 対処する	hold out	熟 握りしめる
myriad	形 無数の	daughter	名 娘
at least	熟 少なくとも	review	動 見直す
assume	動 思いこむ	arithmetic	名 算数
right	形 正しい	receive	動 受け取る
absentmindedly	副 ぼんやりと	straighten	動 きちんとする
stare at	熟 じっと見つめる	enthusiastic	形 熱狂的な
change	名 お釣り	extra	形 追加の
cashier	名 レジ係	grateful	形 感謝して
feet（footの複数形）	名 フィート（長さの単位）	explain	動 説明する
parking lot	名 駐車場	make up	熟 補う
realize	動 気付く		

▶ 単語10回CHECK 1 2 3 4 5 6 7 8 9 10

1 健康
2 幸福論
3 教育論
4 医学
5 教育論
6 社会論
7 言語論
8 社会論
9 IT・テクノロジー
10 環境論

The manager, [overhearing their conversation], gave Dad a coupon
　　S　　　　　分詞構文「～して」　　　　　　M　　　　　　V　O₁　O₂
(for a big discount) (on their next visit). [When father and daughter
　　　　M　　　　　　　　　　M　　　　　　　　　　　　M
left the restaurant for the second time], they were both feeling pretty
　　　　　　　　　　　　　　　　　　　　　　S　　　V　　　　　　「かなり」
good.
　C

　"How about that, Alicia?" Dad said. "Are you glad [we gave the
　　　　　O　多くもらったお釣りを返したこと　S　V　　V　S　　C　副詞節のthatの省略
money back]?" "I'd say honesty pays off," said Alicia.
　　M　　　　　　O　名詞節のthatの省略　　　　V　　S
　"It feels good to do the right thing, even when you don't get a
　　　形式主語のit　　不定詞 名詞的用法　　　　　　　　　O
reward," Dad said. "But [lots of times] <telling the truth> makes
　M　　　　　S　V　　　　　　M　　　　　　S 動名詞「～すること」　　　V
nice things happen (that we didn't expect)."
　　　O　　　do　　関係代名詞のthat　M

店長がその会話をふと聞いていて、父親に次の来店時に使える大きな割引クーポンをくれた。父と娘が2回目にレストランを出るとき、2人ともかなり良い気分になっていた。

　「どうだった？アリシア、お金を返して嬉しい？」と父は言った。「私は正直者が報われると思うよ」とアリシアは言った。

　「報われない時ですら、正しいことをやるのは気分が良くなる。しかし、多くの場合、真実を言うことで、予想もしなかった素敵なことが起こるものだよ」と父は言った。

1 健康
2 幸福論
3 教育論
4 医学
5 教育論
6 社会論
7 言語論
8 社会論
9 IT・テクノロジー
10 環境論

語 彙 リ ス ト

☐ conversation	名 会話	☐ pay off	熟 報われる
☐ discount	名 割引	☐ reward	名 報酬
☐ pretty	副 かなり	☐ tell the truth	熟 真実を言う
☐ How about ~?	熟 ~はどうだ	☐ expect	動 期待する
☐ glad	形 うれしい		

▶ 単語10回CHECK 1 ☐ 2 ☐ 3 ☐ 4 ☐ 5 ☐ 6 ☐ 7 ☐ 8 ☐ 9 ☐ 10 ☐

Children learn what honesty is from their parents. What we do and what we say provide a living example of what it means to be honest. Our children notice how we handle the myriad situations life offers up, and when they are young, at least, they assume that our way is the right way to do things.

As nine-year-old Alicia and her father were leaving a restaurant after lunch, Dad absentmindedly stared at the change the cashier had given him. A few feet into the parking lot, he realized a mistake had been made in his favor. "Just a second, Alicia, something's wrong here." Dad said, holding out the change for her to see. "She gave me too much money back."

Father and daughter reviewed the arithmetic and discovered that they'd received about five dollars too much. "Let's go back in and straighten this out," Dad said.

Alicia wasn't quite as enthusiastic, since she was imagining how they could use the extra five dollars, but she knew her dad was right. The cashier was very grateful and explained that she would have had to make up the difference with her own money at the end of the day. The manager, overhearing their conversation, gave Dad a coupon for a big discount on their next visit. When father and daughter left the restaurant for the second time, they were both feeling pretty good.

"How about that, Alicia?" Dad said. "Are you glad we gave the money back?" "I'd say honesty pays off," said Alicia.

"It feels good to do the right thing, even when you don't get a reward," Dad said. "But lots of times telling the truth makes nice things happen that we didn't expect."

正直は最善の策

「**子は親の鏡**」とも言われます。本文の1行目にあるように、子供は親から正直であることを学んで成長します。逆に言うと、親が正直でなければ、子供も正直ではなくなります。

Honesty is the best policy.「**正直は最善の策**」と英語でも言われています。幼少期は、人と違っていることや、ルールを堂々と破れることを格好いいと思いこみ、非行に走る人もいます。真面目でいることが、あまり重要視されない時期でもあります。

大人になるにつれて、**誠実であること、真面目であることの価値が理解できる**ようになります。誠実さが仕事の上での信頼関係を生み出して、次の仕事につながります。誠実さが友人や家族との信頼関係を生み出し、強固な絆を作り出します。

一方で、不誠実であると信頼関係を失い、仕事を失います。不誠実さは友人や家族にも不信感を生み出し、絆を壊してしまいます。マイナスの精神性はマイナスの精神性を引き寄せて、マイナスの事象を引き寄せます。

壁にぶつかった時、問題になるのは能力不足以上に、**自分の精神性**にあります。平静時に、プラスの精神性を維持しているのは当然のことでしょう。逆境の最中にも、プラスの精神性を保つことができるかどうか、ここが分かれ目になります。

正直であるかどうか、謙虚であるかどうか、人の気持ちに心を寄せられているかどうか、また、嫉妬心や虚栄心（見栄）に心をむしばまれていないか、利己的な感情ばかりに支配されていないか、**壁にぶつかった時こそ振り返るべきは自分の精神性**になります。

そして、**正直であること、謙虚であること、利他的であること、他人に嫉妬したり、見栄を張ったりしないこと、これらは幼少期に親の背中を通じて学ぶことでも**あります。

1 健康
2 幸福論
3 教育論
4 医学
5 教育論
6 社会論
7 言語論
8 社会論
9 IT・テクノロジー
10 環境論

問題 6 社会論 長時間労働を減らす取り組み

別冊p.18／制限時間20分／317 words

解答

問1 (1) ③　(2) ④　(3) ①　(4) ②
問2 1. ③　　2. ④　　3. ④
問3 ③
問4 ④、⑥、⑦

解説

問1

① アメリカの経営者は、自分の労働時間に満足していない
② 現代のテクノロジーや遠距離通信技術のおかげで
③ 今日、アイデアボックスは、アメリカやヨーロッパであまり使われていない
④ 役立つアイデアを提供する従業員は、ボーナスを受け取るかもしれない

空欄(1)の後ろの**However が対比構造を作り出せる**ことに着目すると、③「今日、アイデアボックスは、アメリカやヨーロッパであまり使われていない」という情報と、Howeverの後ろの「それは日本では多く使われている」という情報で、**国と国との対比**が生まれるので、③が正解。

論理 POINT 7 ◀ 対比の種類

すでに、**butやhoweverなど が対比構造を作り出せる**ことを学びました。英文でよく狙われる対比の種類に精通すると、英文の理解をさらに深めることが可能になります。**国と国との対比、男女の対比、過去と現在の時の対比**などが頻出の対比構造です。

64

空欄(2)の前文「社員の提案が、会社に本当に重要なものになる」が原因で、結果として④「役立つアイデアを提供する従業員は、ボーナスを受け取れるかもしれない」という**因果関係**が成り立つので、④が正解。

空欄(3)の手前の文「経営者の残りは、家族と過ごしたり趣味に興じたりする十分な時間がないと感じていた」から、これを抽象化した①「アメリカの経営者は、自分の労働時間に満足していない」が正解。特に、「家族と過ごしたり趣味に興じたりする十分な時間がない」が「労働時間に満足していない」に抽象化されていることに気付くと正解に至る。

空欄(4)を含む文が、「現在、労働時間の多くを家で費やす経営者もいる」という**結果**に対して、「現代のテクノロジーや遠距離通信技術のおかげで」という**原因**が、因果関係でつながるので、②が正解。**因果関係を作る表現**（前置詞句）は、p.45を参照。

p.45を参照

・・

問2

1．アイデアボックスはいつどこで導入されたか。
　　①　日本の1900年代初頭。
　　②　アメリカの1800年代後半。
　　③　アメリカとフランスの1900年代初頭。
　　④　日本の1800年代後半。

introducedを**スキャニング**すると、**第1段落第2文**「それ（アイデアボックス）が最初に導入されたのは、20世紀初頭のアメリカのコダックとフランスのミシュランだった」から、③が正解。

2．最近の研究によると、経営者の何％が、家族や趣味の十分な時間がないと感じていたか。
　　①　33％　　②　76％　　③　2％　　④　98％
第2段落第4文「経営者の2％しか、すべてを行うのに十分な時間があって満足しているとは言わなかった」、**同段落第5文**「経営者の残りは、家族や趣味のための十分な時間がないと感じていた」から、「経営者の残り」とは、98％を意味するので、④が正解。

1 健康
2 幸福論
3 教育論
4 医学
5 教育論
6 社会論
7 言語論
8 社会論
9 IT・テクノロジー
10 環境論

3. 次のうちどれが在宅勤務のメリットに**あたらない**か。
   ① 会社に仕事をファックスで送れること。
   ② 生産性が上がること。
   ③ 融通の利く労働時間。
   ④ 昼食時間の同僚との生産的な議論。

　NOT問題なので、消去法を使って、本文と照らし合わせていく。①は、第3段落第3文「ファックスで会社に仕事を送ることができる」から、在宅勤務のメリットなので不正解。②と③は、第3段落第5文に記述があることから在宅勤務のメリットにあたり、不正解。特に、**many advantages to working at home が抽象表現で、including からmore flexible hours、better productivity という具体例が始まる**ことに気づくことが重要。④は、第3段落最終文「『在宅の経営者』は、移動、仕事着、ランチに費やす時間とお金も節約できる」から、"ランチに費やす時間とお金も節約できる"のが在宅勤務のメリットであり、④の"昼食時間の同僚との生産的な議論"が在宅勤務のメリットであるとは述べられていないので、正解となる。

> ### 論理 POINT ❽ ‹ there be S の S は抽象の目印
>
> 　**there be 構文のSは抽象表現**になることがあるので、**後ろに具体例が続く**ことが多くなります。これがわかると、見えない文のつながりが見えてきて、文のより深い理解につながります。本問でも、第3段落第5文 There are many advantages to working at home, の many advantages が抽象表現で、including 以下で具体化されていることがわかると、文の理解が深まります。

> ### 論理 POINT ❾ ‹ including は具体例の目印
>
> 　**including「～を含んで」は具体例の目印**になります。本文でも、第3段落第5文の many advantages to working at home の具体例が including 以下で、more flexible hours「もっと融通の利く時間」、better productivity「生産性の向上」と具体化されていることがわかります。

66

1 健康

2 幸福論

3 教育論

4 医学

5 教育論

6 社会論

7 言語論

8 社会論

9 IT・テクノロジー

10 環境論

問3

① コダックとミシュランが経営をどう変えているか
② 従業員の大切さ
③ 経営の最新の傾向
④ 在宅の経営者の研究

①は、第1段落第2文に登場しただけなので、不適。②は本文に記述なし。④は、第3段落最終文に登場するだけなので、タイトルとしては不適。③は、**第1段落で「アイデアボックス」で、社員から貴重な意見を集めて会社を経営する、第2段落で経営者の多くが長時間の労働時間に不満を抱いている、第3段落で在宅勤務により経営効率を高めている**とあることから、正解。

解法 POINT ④ タイトル問題の解法

> タイトル問題では、**本文の一部にしか記述がないもの、本文に記述がないものを消去法で、正解の候補から外していきます。残った2つの選択肢を比較して、本文のより広範囲な部分をカバーしているものが正解**です。本問でも、①は一部のみの記述、②は記述なし。③と④を残して、③のほうがより広い範囲をカバーしているので正解とわかります。

問4

① アイデアボックスは、経営者からの提案を受け取るために使用されている。

② アイデアボックスは、日本ではあまり使用されていない。

③ アイデアボックスへの提案は、会社にはあまり重要ではない。

④ アメリカの経営者は、最近の研究で労働時間について質問されている。

⑤ アメリカの経営者に関する最近の研究によると、3分の1が、週に46時間を超えて働いていた。

⑥ コンピューターのおかげで、在宅の経営者が会社と連絡を取ることができる。

⑦ 在宅の経営者は、家で働かない経営者より経費がかからない。

解法 POINT ❺ 5つ以上の選択肢の内容一致問題の解法

この形式の場合は、**2段落～ 3段落読むごとに、選択肢を処理して**いきます。

①は、第1段落第3文「この会社の経営者は、アイデアボックスを使って、生産性を改善することに関して**従業員からの提案**を集めた」と不一致。

②は、第1段落第5文「それ（アイデアボックス）は、**日本ではたくさん使われている**」と不一致。

③は、第1段落第6文「日本の経営者はそれ（アイデアボックス）をとても**価値ある情報源だと思っている**」と不一致。

④は、第2段落第1文「アメリカのビジネス界の1,500人の経営者に関する最近の研究では、経営者の習慣や労働時間に関する意見について、**面接者が、あらゆる種類の質問を尋ねた**」と**一致**。

⑤は、第2段落第3文「彼らの大多数（**57%**）は、**46 〜 60時間の労働時間**で、**6%が60時間を超えていた**」と不一致。同段落第2文「**たった33%しか週に40 〜 45時間の労働時間である者はいない**」から、63%が週に46時間を超えて働いているとわかるので不一致。

⑥は、**第3段落第4文「経営者も同様にメールを通じて、従業員と連絡を取り続けることが可能だ」**と**一致**。

構文 POINT ⑨ **無生物主語 help O Cは因果関係**

（例文）
His talk helped us to understand the new trend in this market.
訳 彼が話してくれたおかげで、私たちはこの市場の新しい傾向を理解できた。

his talkという**無生物主語とhelpの第5文型 [help O (to) do]** が合わさると、**主語とOC間に因果関係**が生まれます。よって、「**主語が原因でOがCできる**」と訳しましょう。⑥も、「コンピューターのおかげで、在宅の経営者が会社と連絡を取ることができる」と訳します。**無生物主語 help O to do. = O can do because of 無生物主語**のようにパラフレーズして、よく設問にされます。

⑦は、**第3段落最終文「『在宅の経営者』は、移動、仕事着、ランチに費やす時間とお金も節約できる」**と**一致**。

1 健康

2 幸福論

3 教育論

4 医学

5 教育論

6 社会論

7 言語論

8 社会論

9 IT・テクノロジー

10 環境論

the idea box を指す

The "idea box" is a useful concept (in management). It was first
　　S　　　　V　　　　C　　　　　　　M　　　　　　S
introduced [in the early twentieth century] [by Kodak in the United
　　V　　　　　　　　M　　　　　　　　　　　　M
States and Michelin in France]. The managers (of these companies)
　　　　　　M　　　　　　　　　　　S　　　　M　　Kodak と Michelin
used idea boxes [to collect suggestions from employees about
　V　　O　　　不定詞 副詞的用法「～ために」　　　　　　　M
improving production]. Today, the idea box is not used much [in the
　　　　M　　　　　　　　　M　　　S　the idea box を指す V　　M　　　M
United States or Europe]. However, it is used a lot [in Japan].
　　　　　M　　　　　　　　　M　　S　V　　M　　　M
Japanese managers have found it to be a very valuable resource.
　　　S　　　　　V　　　O　the idea box を指す　to be C
Employees often know more [than managers] [about the details of
　　S　　　M　　V　　O　　　　M　　　　　　　M
production]. [In the long run], their suggestions can make a real
　　M　　　　　　M　　employees を指す　S　　　V　　O
difference [to the company]. Employees (who offer useful ideas) may
　　　　　　M　　　　　　　S　　　　M　　　　　V
receive extra money [in their paychecks].
　　　　　O　　　　　　M

[In a recent study of 1,500 business managers in the United States],
　　　　　　　　　　M
interviewers asked all kinds of questions [about the managers' habits
　　S　　　V　　　O　　　　　　　M
and opinions regarding their working hours]. The researchers
　　　　　　前置詞「～に関して」　　　　　　　　　　S
learned ＜that only 33 percent of the managers worked 40-45 hours a
　V　　　名詞節の that「～こと」　　　　　　　O
week＞. The majority (of them) (57 percent) worked [from 46-60
　　　　S　　　M　managers を指す　　　　V　　　M
hours] and 6 percent worked [over 60 hours]. Only 2 percent (of the
　M　　　S　　　V　　　M　　　　　S　　　M
managers) said ＜they felt satisfied and had enough time to do
　　　V　名詞節の that の省略　　O　　　　　　不定詞 形容詞的用法「～ための」
everything＞.

　「アイデアボックス」は、経営に役立つ考えだ。それが最初に導入されたのは、20世紀初頭のアメリカのコダックとフランスのミシュランだった。この会社の経営者は、アイデアボックスを使って、生産性を改善することに関して従業員からの提案を集めた。今日、アイデアボックスは、アメリカやヨーロッパではあまり使われていない。しかし、日本ではたくさん使われている。日本の経営者はそれをとても価値ある情報源だと思っている。従業員は生産の詳細について経営者よりたいてい多くのことを知っている。長い目で見れば、彼らの提案が、会社にとって本当に重要なものになることがある。役に立つ考えを提案した従業員は、ボーナスをもらえるかもしれない。

　アメリカで行われた1,500人の経営者に関する最近の研究では、経営者の習慣や労働時間に関する意見について、面接者があらゆる種類の質問を尋ねた。研究者達は、経営者のたった33%しか週に40～45時間の労働時間である者はいないことがわかった。彼らの大多数（57%）は、46～60時間の労働時間で、6%が60時間を超えていた。経営者の2%しか、すべてを行うのに十分な時間があって満足しているとは言わなかった。

1 健康
2 幸福論
3 教育論
4 医学
5 教育論
6 社会論
7 言語論
8 社会論
9 IT・テクノロジー
10 環境論

語 彙 リ ス ト

useful	形 役に立つ	resource	名 （情報）源
concept	名 考え	detail	名 詳細
management	名 経営	in the long run	熟 結局は
introduce	動 導入する	make a difference	熟 違いを作る
manager	名 経営者	offer	動 提供する
company	名 会社	receive	動 受け取る
collect	動 集める	extra	形 追加の
suggestion	名 提案	paycheck	名 給料
employee	名 従業員	regarding	前 ～に関して
improve	動 改善する	researcher	名 研究者
production	名 生産	majority	名 大多数
valuable	形 価値のある	satisfy	動 満足させる

▶ 単語10回CHECK　1　2　3　4　5　6　7　8　9　10

71

The rest (of the managers) felt <they did not have enough time for
　　S　　　　　　M　　　　　　V　名詞節のthatの省略　　　　　　　　　　　O
their families or their hobbies>. [In general], the researchers found
　　　　　　　　　　　　　　　　　　　　M　　　　　S　　　　　　V
<that managers in the United States are not happy with their
　名詞節のthat「～こと」　　　　　　　　　　　O
working schedules>.

[At present], some managers spend much (of their working time)
　　M　　　　　　S　　　　V　　O　　　　　M
[at home], [thanks to modern technology and telecommunication].
　M　　　　「～のおかげで」　　　　　　　　M
This is especially true [for those who work a lot on computers]. They
S　V　　　C　　　managersを指す　　　　M　　　　　　S
can send their work [to the company] [by fax or by direct computer
V　　O　　　　　　M　　　　　　　　　M
connections]. Managers can keep in touch with their staff [through
　　　　　　　　S　　　　V　　　　　　　O　　　M
e-mail] [as well]. There are many advantages (to working at home),
　M　　　M　　V　　S　　　　　　M
(including more flexible hours and better productivity). "Home
　前置詞「～を含んで」　　　　　　M　　　　　　　　　S
managers" also save time and money (that they would have spent on
　　　　　　M　V　　O　　　関係代名詞のthat　　M
transportation, business clothes, and lunches).
　transportation, business clothes, lunchesの3つの接続

72

1 健康
2 幸福論
3 教育論
4 医学
5 教育論
6 社会論
7 言語論
8 社会論
9 IT・テクノロジー
10 環境論

本 文 訳

経営者の残りは、家族や趣味のための十分な時間がないと感じていた。全般的に、研究者は、アメリカの経営者が仕事のスケジュールに満足していないことがわかった。

現在では、現代のテクノロジーや遠距離通信技術のおかげで、労働時間のほとんどを家で過ごす経営者もいる。これは仕事の多くがコンピューターで済む人に特に当てはまる。その人たちは、会社にファックスやコンピューターを直接接続して、仕事を送ることができる。経営者は同様にメールを通じて、従業員と連絡を取り続けることが可能だ。より柔軟なスケジュールや、より生産性が上がるなど、家で働くことには多くの利点がある。「在宅の経営者」は、移動、仕事着、ランチに費やす時間とお金も節約できる。

語 彙 リ ス ト

the rest of	熟 ~の残り		connection	名 接続
in general	熟 全般的に		keep in touch with	熟 ~と連絡を保つ
at present	熟 現在		as well	熟 同様に
spend	動 費やす		advantage	名 利点
thanks to	熟 ~のおかげで		including	前 ~を含んで
modern	形 現代の		flexible	形 融通の利く
telecommunication	名 遠距離通信技術		productivity	名 生産性
especially	副 特に		save	動 節約する
those who	熟 ~する人々		spend A on B	熟 AをBに費やす
send	動 送る		transportation	名 移動
direct	形 直接の			

▶ 単語10回CHECK 1 2 3 4 5 6 7 8 9 10

73

The "idea box" is a useful concept in management. It was first introduced in the early twentieth century by Kodak in the United States and Michelin in France. The managers of these companies used idea boxes to collect suggestions from employees about improving production. Today, the idea box is not used much in the United States or Europe. However, it is used a lot in Japan. Japanese managers have found it to be a very valuable resource. Employees often know more than managers about the details of production. In the long run, their suggestions can make a real difference to the company. Employees who offer useful ideas may receive extra money in their paychecks.

In a recent study of 1,500 business managers in the United States, interviewers asked all kinds of questions about the managers' habits and opinions regarding their working hours. The researchers learned that only 33 percent of the managers worked 40-45 hours a week. The majority of them (57 percent) worked from 46-60 hours and 6 percent worked over 60 hours. Only 2 percent of the managers said they felt satisfied and had enough time to do everything. The rest of the managers felt they did not have enough time for their families or their hobbies. In general, the researchers found that managers in the United States are not happy with their working schedules.

At present, some managers spend much of their working time at home, thanks to modern technology and telecommunication. This is especially true for those who work a lot on computers. They can send their work to the company by fax or by direct computer connections. Managers can keep in touch with their staff through e-mail as well. There are many advantages to working at home, including more flexible hours and better productivity. "Home managers" also save time and money that they would have spent on transportation, business clothes, and lunches.

長時間労働の功罪

　戦後の日本は、日本人の勤勉さによる長時間労働を背景に、高度経済成長を遂げてきました。それにより、世界でも有数の先進国へと成長してきました。

　一方で、深夜にまで及ぶ長時間労働、休日にも仕事をすることで、働き過ぎによる過労死という問題が出てきました。**本来、豊かになるための労働が、人の命を奪うことになってしまう状況は、あってはならないもの**です。

　長時間労働がすべての原因ではありませんが、日本の年間の自殺者数は2万人前後を推移しており、この中の一部は、仕事や長時間労働に起因しているのも確かです。

　ストレス耐性の強い人、体力のある人、精神力の強い人を個別具体的に判断することは難しいため、一律で労働時間を制限して、労働日数を減らす必要があります。

　働くことには、いろいろな要素があります。**仕事そのものがやりたいこと**であったり、**仕事がアイデンティティの一部**であったり、**生きていくために必要な仕事**があります。

　私も、平均的な労働時間より長い時間働いていますが、それでも仕事は本来豊かな人生を送るための手段ということは忘れないようにしています。

　具体的には、健康を害するものであってはならないこと、家族との時間をゼロにするようなものであってはならないこと。

　勉強にも通じますが、長時間のデスクワークやパソコン作業は、健康を害するものになるので、適度に運動をして、夜遅くのパソコン作業を避けるなどの工夫をして、調整しています。

1 健康
2 幸福論
3 教育論
4 医学
5 教育論
6 社会論
7 言語論
8 社会論
9 IT・テクノロジー
10 環境論

借用語の不自然さ

別冊p.22／制限時間20分／297 words

解答

1. (a)① (b)④ (c)④ (d)①
2. (あ)③ (い)② (う)④
3. ②
4. ③

解説

1.

(a) ① 実例　② 意味　③ 分　④ 場所
(a) instance「**実例**」と同義語は、case「**場合**」、「**実例**」が正解。

(b) ① 基本的に　② ほとんど〜ない
　　③ 著しく　　④ ゆっくりと
(b) gradually「**徐々に**」と同義語は、④ slowly「**ゆっくりと**」が正解。

(c) ① 正しい　② 頻繁な　③ 伝統的な　④ 通常の
(c) standard「**標準的な**」と同義語は、④ usual「**通常の**」が正解。

(d) ① はっきりしない　② 通常ではない
　　③ 未知の　　　　　④ 真実ではない
(d) vague「**曖昧な**」と同義語は、① unclear「**はっきりしない**」が正解。

76

1 健康

2 幸福論

3 教育論

4 医学

5 教育論

6 社会論

7 言語論

8 社会論・

9 ーT・テクノロジー

10 環境論

2.

（あ）　①　さらに　　②　それにもかかわらず
　　　③　一方で　　④　それゆえに

　空所(あ)の前後は、「誰かからペンを借りるなら、そのペンは持ち主の元から離れて、あなたがそれを使っている間はそれを支配して、使い終えたら**持ち主の元に戻る**」と、「フランス語がテニスという言葉を英語から借りても、英語はいまだにその言葉を保持して、フランス語は**おそらく二度とそれを返すことはない**」と**対比構造になっている**ので、③ **on the other hand**「**一方で**」が正解。

（い）　①　難しい　　②　可能だ　　③　不思議だ　　④　驚くべき

　空所(い)を含む文は、「この意味（実現する）では、計画や夢を実現すると言うのは（　　　）」から、② **possible**「**可能だ**」が正解。**realize**の意味が、「**実現する**」から「**わかる**」の意味へと広がっていった文脈の説明。

（う）　①　実現する
　　　②　現実に直面する
　　　③　自分の言うことを理解してもらう
　　　④　はっきりと理解する

　realiseの新しい意味は、**第2段落第5文**「**実感としてはっきり理解する**」から、④ **understand clearly**「**はっきりと理解する**」が正解。

3.

　下線部(A)は、「『借りる』、『借用語』という表現は、この文脈では適切なようには思えない」で、**第1段落最終文**「もしフランス語がテニスという言葉を英語から借りても、英語はいまだにその言葉を保持して、フランス語はおそらく二度とそれを返すことはないだろう」から、②「**ある言語が別の言語から言葉を『借りる』場合、ペンを借りる時のように『返す』わけではないから**」が正解。下線部(A)の後ろの2文にifが使われており、**ifが具体例の目印になる**ことがヒントになる。

> **if は具体例で使われることがあり、具体例の目印**になります。**第1段落第3文、第4文**でも、「借りるとか借用語という表現はおかしい」⇒ 例えば、「ペンを借りる場合は、借りている間は持ち主から離れて、使い終えたら借主に返す」が、**例えば**「フランス語がテニスという言葉を英語から借りても、テニスが英語ではなくなることはないし、フランス語がそれを返すこともない」と、見えない文のつながりが見えると、文の理解を深めることができます。

・・

4.

① 英単語のrealiseは、フランス語のrealiserから生まれた。

② realiseという借用語が最初に借りられたとき、「理解すること」を意味していなかった。

③ realiseという英単語の元の意味は、新しい意味が生まれた後に消えた。

④ フランス語のrealiserは、英語のrealiseの影響を受けている。

一致しないものを選ぶのだが、これも**NOT問題**の一種になる。**第2段落第2文**「**英語のrealiseは、**元々「実現する」という意味で、16世紀に**フランス語から借用された**」、**第3段落第1文**「この新しい意味（理解する）は、最近フランス語に借用されたので、**フランス語のrealiserの意味は現在あいまいになっている**」から、① 第2段落第2文の英語のrealiseが借用されたフランス語はrealiserと推測が付くので、本文と一致。

②は、**第2段落第2文**「例えば、英語のrealiseは、**元々「実現する」という意味**で、16世紀にフランス語から借用された」から、本文と一致。

③は、**第2段落第5文**「のちに、realiseという言葉は、次第に**別の意味を帯びた**」とあるだけで、「**消えた**」という表現はなく、**本文と不一致なので、正解。**

④は、第3段落第1文「そして面白いことに、**この新しい意味（英語で生まれた『理解する』）は、最近フランス語に借用されたので、フランス語のrealiserの意味は現在あいまいになっている**」から、本文と一致。

1
健
康

2
幸
福
論

3
教
育
論

4
医
学

5
教
育
論

6
社
会
論

7
言
語
論

8
社
会
論

9
ＩＴ・
テクノロジー

10
環
境
論

when節の内容を指す

[When one language takes a word from another language], it is said
                      M   S

to borrow that word, and the word (which is borrowed) is called a
V   O   S   M   V

loanword. However, the expressions 'borrow' and 'loanword' do not
C   M   S   V

seem good [in this context]. [If you borrow a pen from someone],
C   M   M

then that pen starts off [as being his or her thing] and goes back [to
M   S   V   M   V

being his or her thing] [when you have finished with it, with you
M   M   ▲

付帯状況のwith

having control of it while you are using it]. But [on the other hand],
M   ▲   that penを指す   M

[if French borrows the word *tennis* from English], English still keeps
                           M   S   M   V

the word and French will probably never give it back.
O   S   V   O M

[In some instances] a word (which has been borrowed) is returned,
        M   S   M   V

[though usually with some small difference in meaning, and still
      M   ▲

it isの省略

without the original borrowing language losing it]. [For example],
                                              M

the English word *realise* was originally borrowed [from French] [in
S   V   M

the sixteenth century] [with the meaning 'make real']. And today it
      M   M   M   S

can still be used [in English] [with this meaning]. [In this sense] it
    V   M   M   M   ▲

                                                        M   形式主語のit S

is possible <to speak of *realising* plans or dreams>.
V   C   ▲

不定詞 名詞的用法「～こと」   S

ある言語が別の言語の言葉を使うと、その言葉を借りると言われ、借りられる言葉は借用語と呼ばれる。しかし、「借りる」、「借用語」という表現は、この文脈では適切とは思えない。もしあなたが誰かからペンを借りるなら、そのペンは持ち主の元から離れて、あなたがそれを使っている間はそれを支配して、使い終えたら持ち主の元に戻る。しかし他方で、もしフランス語がテニスという言葉を英語から借りても、英語はいまだにその言葉を保持して、フランス語はおそらく二度とそれを返すことはないだろう。

借用された言葉が戻ってくる場合もある。もっとも、たいていは意味に少し違いが生まれるが、元々の言葉がその意味を失うことはない。例えば、英語のrealiseは、元々「実現する」という意味で、16世紀にフランス語から借用された。そして今日、それはいまだにこの意味で、英語で使用できる。この意味で、計画や夢を「実現する」と言うことができる。

1 健康
2 幸福論
3 教育論
4 医学
5 教育論
6 社会論
7 言語論
8 社会論
9 IT・テクノロジー
10 環境論

be said to do	熟 ～すると言われている		on the other hand	熟 一方で
borrow	動 借りる		probably	副 おそらく
however	副 しかしながら		give back	熟 戻す
expression	名 表現		instance	名 場合
seem C	動 Cに思える		return	動 戻す
context	名 文脈		difference	名 違い
start off	熟 ～で始まる		original	形 元々の
control	名 支配		sense	名 意味

▶ 単語10回CHECK　1　2　3　4　5　6　7　8　9　10

Then later the word *realise* gradually developed another meaning,
　　M　　M　　　　　S　　　　　　　M　　　　V　　　　　　O

which is <'to understand with the clearness of reality'>, [as in the
▲　　　V　　　　不定詞 名詞的用法　　　　C　　　　　　　　　　　様態の as「〜ように」
「そしてそれは」　　　　　　　　　　　　　　　　　　　　　　　　　▲

sentence *I hadn't realised that you already knew my mother*]. [In
　　　　　　　　　　　　　M　　　　　　　　　　　　　　　　　　　　　　M

fact], [for most English speakers] this has now become the standard
　　　　M　　「実感としてはっきり理解すること」S　　　　V　　　　　C

meaning (of *realise*).
　　　　　　　M

　And interestingly, this new meaning has recently been borrowed
　　　　M　　　　　　S　　　　　　　　V

back [by the French], so the meaning (of the French word *realiser*) is
　M　　　　　　　　　　　S　　　　　　　　M　　　　　　　　　　V

now vague. [Although the new meaning 'understand clearly' is
M　　C　　　　　　　　　　　　　　M

disliked by some people in France], it is used widely. So French is an
　　　　　　　　　　　　　　　　　　S　　V　　M　　　　S　　V　C

example (of a language) (that did get its own word back in the end,
　　　　　M　　　　　　関係代名詞の that　　強調の助動詞 do
　　　　　　　　　　　　　　　　　▲

by borrowing one that had already been borrowed from it).
　　M　　　　　　　　　関係代名詞の that
　　　　　　　　　　　▲

のちに、realiseという言葉は、次第に「実感としてはっきりと理解する」という別の意味を帯びるようになった。例えば、「私はあなたがすでに私の母を知っていると気づかなかった」という文だ。実際には、ほとんどの英語を話す人にとって、これは、今やrealiseの標準的な意味となっている。

　そして面白いことに、この新しい意味は最近フランス語に借用されたので、フランス語のrealiserの意味は現在曖昧になっている。新しい意味である「実感としてはっきりと理解する」はフランスの一部の人には好かれていないが、広く使用されている。だから、フランス語は、すでに借用された言語を借りることで、その言葉を最後に取り戻した言語の例となる。

later	副 のちに		standard	形 標準的な
gradually	副 徐々に		interestingly	副 面白いことに
develop	動 発達させる		recently	副 最近
meaning	名 意味		vague	形 曖昧な
clearness	名 明快さ		dislike	動 好きではない
reality	名 現実		widely	副 広く
sentence	名 文		in the end	熟 最終的には
already	副 すでに			

▶ 単語10回CHECK　1　2　3　4　5　6　7　8　9　10

1 健康
2 幸福論
3 教育論
4 医学
5 教育論
6 社会論
7 言語論
8 社会論
9 IT・テクノロジー
10 環境論

When one language takes a word from another language, it is said to borrow that word, and the word which is borrowed is called a loanword. However, the expressions 'borrow' and 'loanword' do not seem good in this context. If you borrow a pen from someone, then that pen starts off as being his or her thing and goes back to being his or her thing when you have finished with it, with you having control of it while you are using it. But on the other hand, if French borrows the word *tennis* from English, English still keeps the word and French will probably never give it back.

In some instances a word which has been borrowed is returned, though usually with some small difference in meaning, and still without the original borrowing language losing it. For example, the English word *realise* was originally borrowed from French in the sixteenth century with the meaning 'make real'. And today it can still be used in English with this meaning. In this sense it is possible to speak of *realising* plans or dreams. Then later the word *realise* gradually developed another meaning, which is 'to understand with the clearness of reality', as in the sentence *I hadn't realised that you already knew my mother*. In fact, for most English speakers this has now become the standard meaning of *realise*.

And interestingly, this new meaning has recently been borrowed back by the French, so the meaning of the French word *realiser* is now vague. Although the new meaning 'understand clearly' is disliked by some people in France, it is used widely. So French is an example of a language that did get its own word back in the end, by borrowing one that had already been borrowed from it.

『翻訳借用』・『意味借用』・『再借用』

　本文にあったように、「借用語」といっても元の言語に返すわけではないので、「借用」という表現はいかがなものかという意見もあります。

　借用語の中にも、元の言語の発音をそのままカタカナにした「借用語」と、元の言語を翻訳して借用した「**翻訳借用語**」があります。

　例えば、前者には、coffee⇒「コーヒー」、fork⇒「フォーク」、desk⇒「デスク」などがあります。後者には、footnote⇒「脚注」、keyboard「鍵盤」、square root⇒「平方根」などがあります。**foot「脚」＋ note「注釈」＝ footnote「脚注」、key「鍵」＋ board「盤」＝ keyboard「鍵盤」**といった具合です。

　本文で登場したrealiseは、借用語の中でも、「**意味借用**」と言われる現象です。元々、フランス語のréaliserは「実現する」という意味だけだったのに、英語のrealiseに「実現する」に加えて、「気づく」の意味が生まれてから、元のフランス語のréaliserに「気づく」の意味も追加されたという現象です。

　日本語の「払う」という言葉も、「**意味借用**」の例として紹介されることがあります。元々は、「ほこりを払う」といったように、「**邪魔なものを取り除く**」という**物理的な意味**で用いられていたものが、「**注意を払う**」という抽象的な意味で用いられるようになりました。これは元々、日本語の「払う」に対応する英語のpayに、**pay attention「注意を払う」**という用法があったことから、日本語にも影響を与えたとされます。

　あるいは、日本語の「触れる」も同様の可能性がある語として紹介されています。元々は「**肩に手を触れる**」のように、**物理的な接触**を意味していました。そこから、「**問題の核心に触れる**」といったように、「**ある事柄に言及する**」という抽象的な意味でも用いられます。これも、touchに物理的な「接触する」と、物事に「言及する」の意味があることに影響されたという説があります。

　また、**借用語が、借用先の世界で独自の発展をして、逆輸入する形で、借用元の世界で使用される「再借用」**という現象があります。例えば、**英語のanimation**から、**日本語の「アニメ」**が生まれて、再び**英語の世界でanime「（日本製の）アニメ」**という言葉が定着しました。

1 健康

2 幸福論

3 教育論

4 医学

5 教育論

6 社会論

7 言語論

8 社会論

9 IT・テクノロジー

10 環境論

社会論

ダイバーシティ

解答

問1 (a) ウ　(b) ウ　(c) エ　(d) イ　(e) イ
問2 ア
問3 (1) イ　(2) エ
問4 イ
問5 (a) イ　(b) ア　(c) ア　(d) ア

解説

問1

　(a) は、**due to**「～が原因で」となる**ウ）**が正解。p.45 の**論理 POINT ③ 因果関係を作る表現（前置詞句）**を参照。(b) は、**ウ）関連 の on**「～について」が正解。(c) は、(c) の前後が、「**文化について話す**」 と「環境の産物だけではなく、人を**個人として評価する**ことが重要だ」 と**対比構造**になっているので、**instead of**「～する代わりに」となる**エ）** が正解。

> **論理 POINT ⓫** instead of は対比の目印
>
> **instead of**「～の代わり（～せずに）」は**対比の目印**になります。
> （例文）
> I stayed in bed all day **instead of** going out.
> **訳** 外出せずに、一日中ベッドで寝ていた。
> 　例文でも、**going out**「外出する」と **stayed in bed**「ベッドで 寝ている」が対比構造になっている**のがわかります。副詞で使われ る instead も、対比構造を作り出すので注意しましょう。

　(d) は、**can't help but do**「～せざるをえない」になる**イ）**が正解。 この**but** は**前置詞の but**「～以外で」で、**help**「避ける」と合わさって、 「～以外に避けられない」＝「～せざるをえない」の意味になる。

1 健康

2 幸福論

3 教育論

4 医学

5 教育論

6 社会論

7 言語論

8 社会論

9 I T・テクノロジー

10 環境論

語彙 POINT ❷ 前置詞のbutを使った表現

前置詞のbutは「〜以外に」の意味になります。前置詞のbutを使った重要熟語を紹介します。
- **nothing but**「〜以外に何もない」=「〜しかない」
- **anything but**「〜以外は何でもよい」=「決して〜ではない」
- **have no choice but to do**「〜以外に選択肢はない」=「〜せざるをえない」

（e）は、「他の文化の人と仕事をするとき、（　　）から来たかで、個人の特徴について思いこみをしてはいけない」から、**イ）where**「どこ」が正解。

─────────────────────────

問2

thatはif節の内容「個々の違いに注目すれば」を指すので、**ア）「個人の違いに注意を払うこと」**が正解。

─────────────────────────

問3

（1）

構文図解

individuals,〔no matter their cultural origins〕, have various
S 　　　　　　「〜があっても」M　　　　　V　　O
personality traits.

下線部（1）は、individualsがS、haveがV、various personality traitsがOの第3文型。**no matter**は前置詞のように使用して「〜があっても」の意味。
「その文化的起源があっても、個人には、様々なその人の特性がある」から、**イ）「個人は、どの文化の出身であろうと、多様な個性を持っている」**が正解。

(2)

構文図解

this doesn't mean ＜learning about cultural contexts is
　S　　　V　名詞節のthatの省略　　動名詞「～すること」　　　　　　　　　O
unnecessary.＞

下線部(2)は、meanとlearningの間に**名詞節のthatが省略されている文**。thisがS、doesn't meanがV、（that）learning ～ unnecessaryがOの第3文型。thatが省略されているが、that節の中身は、**learningが動名詞でcontextsまでの名詞のカタマリを作って**that節内のSになる。「文化的背景に関して学ぶこと」の意味。「このことは、文化的背景に関して学ぶことが不必要だということを意味しない」から、エ）「**これは、文化的背景について学ぶ必要はない、ということを意味するわけではない**」が正解。

問4

ア）彼らが知っていることを必要とするようになること
イ）彼らが知る必要があることを学ぶこと
ウ）彼らが学ぶことを必要とするために学ぶこと
エ）彼らが知るようになるのに必要なこと

空欄［Ⅰ］の文「**この見方（その人を個人として見ること）のせいで、何千人もの人がその目的をかなえるのに（　　　）ができていない**」から、イ）「**彼らが知る必要があることを学ぶこと**」が正解。他の選択肢は文意が通じず不適。

問5

（a）　さまざまな文化から来た人と働いている人が、文化の個人への影響を知らないことは普通ではない。

（b）　この文章の作者は、かつてアジア諸国の文化の違いに関する報告をした。

（c）　もし文化が重要ではないと信じて人と交流すると、誤解を与える可能性がある。

（d）　個々の特徴への配慮だけではなく、文化的違いに関する知識が、文化を横断するビジネスの成功に必要とされる。

（a）は、**第1段落第1文**「文化がどのように影響するかを知らないまま、何十年も**文化を横断して仕事をすることは普通ですらある**」に反するので、**イ**。

（b）は、**第2段落第1文**「私がアジア文化の違いに関するネットの記事を公表した」と一致するので、**ア**。

（c）は、**第3段落第5文**「もし文化は重要ではないと思い込んですべての交流をするなら、他人を自分の文化のレンズを通して見ることで、誤解してしまう」と一致するので、**ア**。

（d）は、**第4段落第4文**「もし仕事の成功が、世界中の人とうまく仕事をする力にかかっているなら、**個々の違いへの配慮だけではなく、文化的な違いに対する配慮**をする必要がある」と一致するので、**ア**。

> ▶**語彙 POINT ❸** 「AだけではなくBも」のパラフレーズ
>
> 本文の**B as well as A**が、選択肢の（d）では**not only A but also B**にパラフレーズ（言い換え）されている点に注意してください。頻出のパラフレーズです。他にも、本文で**respect**「尊重」が選択肢で**regard**「尊重」にパラフレーズされている点に注意しましょう。

1 健康

2 幸福論

3 教育論

4 医学

5 教育論

6 社会論

7 言語論

8 社会論

9 IT・テクノロジー

10 環境論

構文図解

形式主語 it

It is quite possible, even common, <to work across cultures for
S V   C   C'   不定詞 名詞的用法「～すること」

decades and travel frequently for business while remaining unaware
                                              S'

                                      you are の省略 you は一般人を指す
and uninformed about how culture impacts you>. Millions of people
                     疑問詞「どのように～か」   S

work [in global settings] [while viewing everything from their own
V   M   they are の省略   M

cultural perspectives and assuming that all differences, controversy,
        viewing ~ と assuming ~ の接続   名詞節の that

and misunderstanding are rooted in personality]. This is not [due to
all differences, controversy, misunderstanding の3つの接続 S   V   M

laziness]. Many well-intentioned people don't educate themselves
                     S   V   O

[about cultural differences] [because they believe that if they focus
           M   many well-intentioned people を指す 名詞節の that M

on individual differences, that will be enough].
              個々の違いに注目すること

[After I published an online article on the differences among Asian
               M   関連の on「～に関して」

cultures and their impact on cross-Asia teamwork], one reader
                                                        S

commented, "Speaking of cultural differences leads us to stereotype
    V   O

individuals and therefore put them in boxes with 'general traits.'
          stereotype ~ と put ~ の接続

[Instead of talking about culture], it is important <to judge people as
           M   形式主語の it S V C   不定詞 名詞的用法「～すること」

individuals, not just products of their environment>."
    S'   B, not just A「A だけではなく B」

[At first], this argument sounds valid. [Of course], individuals, [no
   M   S   V   C   M   S

matter their cultural origins], have various personality traits. So
「～があっても」   M   V   O

why not just approach all people [with an interest in getting to know
M   M   V   O   M   get to do「～するようになる」

them personally], and proceed [from there]?
                       V   M

　文化がどのような影響を与えるかを意識しないで、それを知らないまま何十年も文化を横断して仕事をしたり、頻繁に出張したりすることは非常にあり得ることで、普通のことですらある。何百万人の人が、自分の文化的観点からすべてを見て、あらゆる違い、議論、そして誤解が性格のせいだと思いこみながら、世界を舞台に仕事をしている。これは怠惰なことが原因ではない。意識の高い人の多くが、文化的な違いを学んでいないのは、個々の違いに注目すればそれで十分だと思いこんでしまっているせいだ。

　私がアジア文化の違いと、アジアを横断するチームワークへの影響に関するネット記事を公表した後、ある読者がこうコメントした。「文化的相違に関して話すと、個人に対して偏見を抱いてしまい、その人たちを『一般的な特徴』という箱に入れることになってしまう。文化について話す代わりに、人を環境の産物というだけではなく、個人として評価することが重要だ。」

　はじめは、この主張は妥当に思える。もちろん、個人はその文化的起源があっても、様々なその人の特徴がある。では、個人的に知ろうという興味を抱いてすべての人に接して、そこから進むというのはどうだろうか。

quite	副 非常に	focus on	動 〜に焦点をあてる
decade	名 十年	individual	形(名) 個々の (個人)
frequently	副 頻繁に	publish	動 公表する
remain C	動 Cのままである	lead O to do	動 Oを〜する気にさせる
impact	動 影響を与える	stereotype	動 偏見を抱かせる
millions of	熟 何百万の〜	therefore	副 それゆえに
global	形 世界の	trait	名 特徴
setting	名 舞台	instead of	熟 〜の代わりに
view	動 見る	product	名 産物
perspective	名 観点	environment	名 環境
assume	動 思いこむ	argument	名 主張
controversy	名 議論	valid	形 妥当な
misunderstanding	名 誤解	no matter 〜	熟 〜があっても
be rooted	動 根付いている	origin	名 起源
personality	名 性格	approach	動 近付く
laziness	名 怠惰	proceed	動 進む

Unfortunately, this point of view has kept thousands of people [from
    M   S   V   O   M

learning what they need to know to meet their objectives]. [If you go
    関係代名詞のwhat「〜こと」   不定詞 副詞的用法「〜するために」   M

into every interaction assuming that culture doesn't matter], you will
                    分詞構文「〜しながら」   S   V

view others [through your own cultural lens] and judge or misjudge
    O   M   V

them accordingly. Ignore culture, and you can't help but conclude,
    O othersを指す M   V   O   S   V

"Chen doesn't speak up — obviously he doesn't have anything to say!
              O   不定詞 形容詞的用法

His lack (of preparation) is ruining this training program!"
    S   M   V   O

    Yes, every individual is different. And yes, [when you work with
    M   S   V   C   M   M

people from other cultures], you shouldn't make assumptions (about
                    S   V   O   M

individual traits) [based on where a person comes from]. But this
            分詞構文「〜に基づいて」   疑問詞「どこから〜か」   M   S

doesn't mean <learning about cultural contexts is unnecessary>. [If
    V   名詞節のthatの省略 動名詞「〜すること」   O   M

your business success relies on your ability to work successfully with
                        不定詞 形容詞的用法

people from around the world], you need to have an appreciation (for
                    S   V   O   M

cultural differences) as well as respect (for individual differences).
                          O   M

▼bothは文化的な相違への配慮と個々の違いへの配慮
Both are essential.
    S   V   C

残念ながら、この見方のせいで、何千人もの人がその目的をかなえるのに必要な知識を身につけていない。もし、文化は重要ではないと思いこんですべての交流をするなら、他人を自分の文化のレンズを通して見て、それに応じてその人たちを判断したり、誤解したりしてしまうだろう。文化を無視すると、「チェンが話さないのは、明らかに何も言うことがないからだ。彼の準備不足のせいで、この研修が台無しだ！」と結論を下すしかなくなる。

　確かに、すべての個人は異なるものだ。そして確かに、他の文化の人と仕事をするとき、どこから来たかで、個人の特徴について思いこみをしてはいけない。しかし、これは文化的背景に関する学習が不必要だというわけではない。もし仕事の成功が、世界中の人とうまく仕事をする力にかかっているなら、個々の違いへの配慮だけではなく、文化的な違いに対する配慮をする必要がある。両方とも不可欠なのだ。

unfortunately	副 残念ながら	lack	名 欠如
point of view	熟 観点	preparation	名 準備
thousands of	熟 何千もの〜	ruin	動 台無しにする
keep O from doing	動 Oに〜させない	training	名 訓練
meet	動 〜を満たす	assumption	名 思い込み
objective	名 目的	context	名 背景
go into	熟 〜を始める	unnecessary	形 不必要な
interaction	名 交流	success	名 成功
matter	動 重要だ	rely on	動 〜に頼る
misjudge	動 見誤る	successfully	副 うまく
accordingly	副 それに応じて	appreciation	名 評価
ignore	動 無視する	B as well as A	熟 Aだけではなく Bも
can't help but do	熟 〜せざるをえない	respect	名 敬意、配慮
obviously	副 明らかに	essential	形 不可欠な

▶単語10回CHECK 1 ☐ 2 ☐ 3 ☐ 4 ☐ 5 ☐ 6 ☐ 7 ☐ 8 ☐ 9 ☐ 10 ☐

1 健康
2 幸福論
3 教育論
4 医学
5 教育論
6 社会論
7 言語論
8 社会論
9 IT・テクノロジー
10 環境論

It is quite possible, even common, to work across cultures for decades and travel frequently for business while remaining unaware and uninformed about how culture impacts you. Millions of people work in global settings while viewing everything from their own cultural perspectives and assuming that all differences, controversy, and misunderstanding are rooted in personality. This is not due to laziness. Many well-intentioned people don't educate themselves about cultural differences because they believe that if they focus on individual differences, that will be enough.

After I published an online article on the differences among Asian cultures and their impact on cross-Asia teamwork, one reader commented, "Speaking of cultural differences leads us to stereotype individuals and therefore put them in boxes with 'general traits.' Instead of talking about culture, it is important to judge people as individuals, not just products of their environment."

At first, this argument sounds valid. Of course, individuals, no matter their cultural origins, have various personality traits. So why not just approach all people with an interest in getting to know them personally, and proceed from there? Unfortunately, this point of view has kept thousands of people from learning what they need to know to meet their objectives. If you go into every interaction assuming that culture doesn't matter, you will view others through your own cultural lens and judge or misjudge them accordingly. Ignore culture, and you can't help but conclude, "Chen doesn't speak up — obviously he doesn't have anything to say! His lack of preparation is ruining this training program!"

Yes, every individual is different. And yes, when you work with people from other cultures, you shouldn't make assumptions about individual traits based on where a person comes from. But this doesn't mean learning about cultural contexts is unnecessary. If your business success relies on your ability to work successfully with people from around the world, you need to have an appreciation for cultural differences as well as respect for individual differences. Both are essential.

▶10回音読CHECK 1 2 3 4 5 6 7 8 9 10

ダイバーシティ

　元々は *diversity* という英語ですが、日本語でもカタカナになり、社会人の間では浸透しつつある用語です。「多様性」という訳で、**グローバリゼーションが進む現代社会において、とても大切な概念**となっています。特に企業経営において、近年使用されることが多くなってきました。

　この用語は、元々は社会的に少数派の人たちの権利を擁護して、就業の機会を広げることが意図されていました。

　現在では、さまざまな成功事例から、**性別、国籍、人種の違いに関わらず、多様な人材を受け入れて、広く人材を採用することで生産性を高めようとするマネジメント**のことを指すようになっています。

　その道を極めた、さまざまな背景や技術を備えた人の集ったグループこそが、最も強いグループで、そのグループが機能するのに必要なのが、ダイバーシティという概念になります。

　自分と違う価値観、自分と異なる世界観を受け入れて、妥協点を探りながら力を合わせることで、最高のものを作りあげる。それこそ、経営のプロ、テクノロジーのプロ、商品開発のプロ、広告宣伝のプロなどが力を合わせて、より大きなものを作っていく。

　何よりも、**自分と異なる価値観を受け入れて容認することは、心にゆとりをもたらし、自分を一段高いところに引き上げてくれる精神性**になります。

　本書を読んでくれている方々も、大学に入ったり、上京したり、社会に出たりすることで、自分と異なる価値観にたくさん触れてみてください。その1つひとつが自分の狭い世界を広げ、自らの成長につながるものになるでしょう。

1 健康
2 幸福論
3 教育論
4 医学
5 教育論
6 社会論
7 言語論
8 社会論
9 IT・テクノロジー
10 環境論

別冊p.30／制限時間20分／365 words

解答

問1 さらに驚くかもしれないが、調査対象の親の**78%**が、デジタル機器の使用方法に関して良い模範となっていると思いこんでいることだ。

問2 children

問3 (a)

問4 (b)

問5 1. ×　　2. ○　　3. ○　　4. ○　　5. ×　　6. ○

解説

問1

構文図解

Perhaps even more surprising is ＜that 78 percent of parents
　　　 M　　　比較級の強調「さらに」　　C　　V　　名詞節のthat　　　　　S
surveyed believe they are good role models for how to use
　　過去分詞の名詞修飾　　　名詞節のthatの省略　　　　　　　「～する方法」
digital technology＞.

　下線部は、even more surprising が C、is が V、that ～ が S の**第2文型（SVC）が倒置されたCVSの文**。**even は比較級の強調で「さらに」**の意味。**surveyed は過去分詞で後ろから parents を説明**している。that 節内は、**believe と they の間に名詞節の that が省略**されている。78 percent が S で、believe が V、(that) they ～ technology が O。**how to do「～する方法」**にも注意する。

1	健康
2	幸福論
3	教育論
4	医学
5	教育論
6	社会論
7	言語論
8	社会論
9	IT・テクノロジー
10	環境論

構文 POINT ⑩　第2文型の倒置CVS

（例文）

Happy are those in love. 訳 幸せなのは、恋をしている人だ。

happyは**形容詞なので、名詞を修飾するか補語になる**しかありません。後ろに修飾する名詞はないので、**補語と判断して**C、areがV、those「人々」がSになります。第2文型の倒置は、文頭に形容詞がくるので、その単語を**C**と判断することが重要になります。**Sの情報を強調するための倒置**であることが多くなります。

- -

問2

構文図解

This can be a double shock for children, who not only feel
「親が時間を忘れるほどデジタル機器に夢中になっていること」「そして（その子どもたちは）」
that their parents are ignoring them or do not find them as
名詞節のthat　　　　　　　　　O　　　childrenを指す
engaging as the screen but who also learn to mimic their
not only A but also B　learn to do「〜するようになる」
parents' behavior 〜.

　下線部(2)のthemは、are ignoring themのthemと同じでchildrenを指す。「**親が無視をして、（携帯の）画面ほど魅力的に思わない**」対象と考えると、childrenとわかる。find them as engaging as the screenで**findの第5文型**が使われている。**themがO**で、**engagingがC**。そこに、**as 〜 as ...**「…**と同じくらい〜**」が使われている。

- -

問3

- （a）　髪を切っている間、じっとしていなさい。
- （b）　夜の**静けさ**に私は平和や満足感を覚える。
- （c）　終電に間に合うのに、**まだ**時間がある。
- （d）　**それでも**、子どもを産むことは素晴らしいに違いない。

　下線部(3)のstill face 現象とは、**still**が形容詞で「**静止した**」から、「静止した顔の現象」が直訳になる。携帯電話に集中すると、無表情になることを意図している。(a)はkeep still「じっとしている」で、形容詞

のstill「静止した」が使われているので正解。(b)は、名詞で「静けさ」、(c)は、副詞で「まだ」、(d)は、接続詞で「それでも」の意味。

> ▶語彙 POINT ④ stillの核は「固定した」
>
> stillの核は「固定した」になります。そこから、**名詞**では「**静けさ**」、**形容詞**で「**静止した**」、**副詞**で「**まだ**」、**接続詞**で「**それでも**」と広がっていきます。

⋯⋯⋯⋯⋯⋯⋯⋯⋯⋯⋯⋯⋯⋯⋯⋯⋯⋯⋯⋯⋯⋯⋯⋯⋯⋯⋯⋯⋯⋯⋯

問4

device-free zone「デジタル機器のないエリア」から、(b)「情報機器を使わせない場所」が正解。

> ▶語彙 POINT ⑤ freeの核は「ゼロ」
>
> free「自由な」の意味が定着していますが、元々は「**ゼロ**」の意味です。
>
> 例えば、**smoke-free, sugar-free, tax-free**などは、「タバコゼロ」=「**禁煙**」、「砂糖ゼロ」=「**無糖**」、「税金ゼロ」=「**免税**」の意味になります。日本語のバリアフリーも、barrier「障害」がfree「ゼロ」から、体が不自由な人のために、階段の段差などをなくした建築設計のことをいいます。

⋯⋯⋯⋯⋯⋯⋯⋯⋯⋯⋯⋯⋯⋯⋯⋯⋯⋯⋯⋯⋯⋯⋯⋯⋯⋯⋯⋯⋯⋯⋯

問5

1は、**第1段落第1文「テクノロジー依存が現代の子どもの大きな懸念材料になっている」**に反するので、×。このテクノロジー依存は、当然親が依存していることも指す。

2は、**第1段落第4文「その中（毎日のスマホ利用時間）で、およそ8時間が仕事ではなく個人的な利用だ」**と一致するので○。

3は、**第2段落第2文後半「私たちはデジタル機器に夢中になっていると、どれほどの時間を費やしたかを認識すらしていない」**と一致するので、○。

4は、**第3段落第2文「10歳前後から20歳までの子どもがテクノロ

ジーをさらに利用すると、集中できる時間が短くなることと関係している」と一致するので、〇。

　5は、**第4段落第2文**「**親の94%が、テクノロジーは子どもの教育をサポートするのに使用することができると認識している**」に反するので、×。

　6は、**第4段落第3文**「重要なのは、〜で、**親自身でルールを設けることだ**」と一致するので、〇。

[In a world (where we are constantly tweeting, texting, Googling
　　　　M　　　　関係副詞の where　　　　　　　　　　　　　M
and checking e-mail)], technology addiction is a real concern (for
tweeting, texting, Googling, checking ～の4つの接続　　S　　V　　　C
today's kids). Yet parents are often unable to unplug from their own
　　M　　　　　　　　　　　　　　　　　　　O
digital devices, research suggests. A recent national survey
　　　　　　　　　　S　　　V　　　　　　　　　S
(conducted by Common Sense Media, which included nearly 1,800
過去分詞の名詞修飾　　　　　M　　　　　　　「そしてそれは」
parents of children aged eight to 18), found <that parents spend an
　　　　　　　過去分詞の名詞修飾　　　　　V　　名詞節の that　　O
average of nine hours and 22 minutes every day in front of various
screens – including smartphones, tablets, computers and televisions>.
　　　　前置詞「～を含んで」　　　smartphones, tablets, computers, televisions の4つの接続
[Of those], nearly eight hours are [for personal use, not work]. The
M　nine hours and 22 minutes　S　　V　　　M　　　B, not A「A ではなくて B」
survey included people (from a wide range of socioeconomic classes
　S　　　V　　　O　　　　　　　　　　　　M
and fields), who may or may not use computers [at their job]
　　　　　　　　　　V　　　　　　O　　　　　M
[all day].)
　M

　　Perhaps even more surprising is <that 78 percent of parents
　　　　M　　比較級の強調「さらに」　　C　V　名詞節の that　　S
surveyed believe they are good role models for how to use digital
過去分詞の名詞修飾　　名詞節の that の省略　　　　　　「～する方法」
technology>. Multimedia are designed to be engaging and habit-
　　　　　　　　O　　　　　　　　不定詞 副詞的用法「～ように」
forming, so we do not even realize how much time we spend when we
　　　　　　　　　　　　　　　疑問詞「どれほどの名詞を～か」
are absorbed in our devices, says Catherine Steiner-Adair, a clinical
　　　　　　　　　　　　V　　　　S　　　　同格のカンマ
psychologist and author of *The Big Disconnect* (HarperCollins, 2013).
　　　　　　　　　　　　S′

本 文 訳

　私たちが絶えずツイッター、テキストメッセージ、グーグル検索、メールのチェックをしている世界では、テクノロジー依存が現代の子どもの大きな懸念材料になっている。しかし、親はたいてい自分のデジタル機器の電源を切ることはできないと、研究が示している。Common Sense Media が行った最近の8歳から18歳までの子どもを持つ約1,800人の親に対する国家調査によると、スマホ、タブレット、コンピューター、テレビといったさまざまなスクリーンの前で、毎日平均して9時間22分過ごしていることがわかった。その中で、およそ8時間が仕事ではなく個人的な利用だ。（その調査は、さまざまな社会経済的地位や分野の人を対象として、仕事でコンピューターを使う人も使わない人もいる）

　さらに驚くかもしれないが、調査対象の親の78%が、デジタル機器の使用方法に関して良い模範となっていると思いこんでいる。マルチメディアは、人を引き付けて癖になるように設計されているから、私たちはデジタル機器に夢中になっていると、どれほどの時間を費やしたかを認識すらしていないと、Catherine Steiner-Adair という臨床心理士で、The Big Disconnect（HarperCollins, 2013年）の著者は言う。

語 彙 リ ス ト

constantly	副 絶えず	personal	形 個人的な
addiction	名 依存	a wide range of	熟 広範囲な
concern	名 心配、懸念材料	class	名 階級
yet	接 しかし	field	名 分野
unplug	動 電源を切る	perhaps	副 ひょっとすると
device	名 機器	even	副 さらに
suggest	動 示す	role model	名 模範的人物
survey	名 調査	how to do	熟 ～する方法
conduct	動 行う	design	動 設計する
include	動 含んでいる	engaging	形 魅力的な
nearly	副 ほぼ	realize	動 認識する
average	名 平均	clinical	形 臨床の
in front of	熟 ～の前に	psychologist	名 心理学者
including	前 ～を含んで	author	名 作者

▶ 単語10回CHECK　1　2　3　4　5　6　7　8　9　10

右側章見出し：1 健康 / 2 幸福論 / 3 教育論 / 4 医学 / 5 教育論 / 6 社会論 / 7 言語論 / 8 社会論 / 9 IT・テクノロジー / 10 環境論

101

This can be a double shock for children, who not only feel that their
「親が時間を忘れるほどデジタル機器に夢中になっていること」　「そして(その子どもたちは)」　名詞節の that

parents are ignoring them or do not find them as engaging as the
　　　　　　　　O　　　children を指す

screen but who also learn to mimic their parents' behavior, Steiner-
　　　　　not only A but also B　learn to do「〜するようになる」　　　　　　　　S

Adair notes. Studies show <that greater use of technology among
　　　　　V　　　S　　V　　名詞節の that　　　O

tweens and teens correlates with shorter attention spans, a preference

for digital time over physical activity and worse performance in
　　　　　　　　　　　shorter 〜 spans, a preference 〜activity, worse 〜 school の3つの接続

school>. Toddlers and infants also have a harder time [learning
　　　　　　　　　　　　　S　　　　　　　　M　V　　　　　　　　O
　　　　　　　　　　　　　　　　　　　have a hard time doing「〜するのに苦労する」

emotional and nonverbal cues] [because their parents constantly have
　　　M　　　　　　　　　　　　　　　　　　　　　　　M

what psychologists call "still face phenomenon" from concentrating
関係代名詞の what

on mobile devices].

The good news, however, is <that if parents use screen time for
　　　　　S　　　　　　M　　V　名詞節の that

shared activities with a child — watching a movie or playing an
　　　　　　　C　　　　　　　　　　動名詞　　　　　　　　　動名詞

educational game together, for example — it can enhance the child's
　　　　　　　　　　　　　　　　　　if 節の内容 (子どもと一緒にスクリーンを使うこと)

learning>. [According to the survey], 94 percent (of parents)
　　　　　　　　　　　　M　　　　　　　　　　S　　　　　M

recognize <that technology can be used to support their children's
　　V　　名詞節の that　　　O　　　　　　　　不定詞 副詞的用法「〜するために」

education>. The key is <to limit and track kids' time with technology
　　　　　　　S　　V　　不定詞 名詞的用法「〜すること」　C

and set rules for themselves,> too. <Modeling healthy media habits>
　　　　　　　　　M　　　　　　　動名詞　　　　　S

can start with something (as simple as making the family dinner
　　V　　　　O　　　　　M　　　make O C (Oが the family dinner table,

table device-free zone).

C が device-free zone)

これは子どもに二重のショックを与える可能性がある。親が自分を無視しているか、あるいは自分をスクリーンほど魅力的には思っていないと子どもが感じるだけではなく、親の行動をまねするようになるからだと、Steiner-Adairは注目する。研究によると、10歳前後から20歳までの子どもがテクノロジーをさらに利用すると、集中できる時間が短くなり、運動よりもデジタル機器を使う時間を好み、学校の成績が悪くなることと関係しているとわかっている。また、よちよち歩きの子どもや幼児が、感情や言葉によらない合図を学ぶのがより難しくなるのは、心理学者が言うモバイル機器に集中するせいで、「still face現象」に親がずっと陥っているからだ。

しかし、良い情報をあげると、一緒に映画を見たり、知育ゲームをしたりするように、親が子どもと一緒にスクリーンを使用するなら、子どもの学びを助けることができる。調査によると、親の94%が、テクノロジーは子どもの教育をサポートするのに使用することができると認識している。重要なのは、子どもがテクノロジーと接する時間を制限して管理し、また、親自身がルールを設けることだ。メディアと接する健全な習慣を形成することは、家族の食卓にデジタル機器を置かないといった簡単なことから始めると良い。

語 彙 リ ス ト

double	形	二重の
ignore	動	無視する
learn to do	動	～するようになる
mimic	動	真似する
note	動	注目する
tween	名	10歳前後の子ども
teen	名	10代の子ども
correlate	動	相関する
span	名	期間
preference	名	好み
physical activity	名	運動
performance	名	成績
toddler	名	よちよち歩きの子ども
infant	名	幼児
nonverbal	形	言葉によらない
cue	名	合図

phenomenon	名	現象
concentrate on	熟	～に集中する
mobile	形	移動可能な
share	動	共有する
educational	形	教育上の
enhance	動	改善する
support	動	支える
key	名	重要なこと
limit	動	制限する
track	動	追跡する
set	動	設ける
model	動	作る
healthy	形	健全な
habit	名	習慣
start with	熟	～から始まる
device-free	形	デジタル機器のない

▶ 単語10回CHECK　1　2　3　4　5　6　7　8　9　10

1 健康
2 幸福論
3 教育論
4 医学
5 教育論
6 社会論
7 言語論
8 社会論
9 IT・テクノロジー
10 環境論

In a world where we are constantly tweeting, texting, Googling and checking e-mail, technology addiction is a real concern for today's kids. Yet parents are often unable to unplug from their own digital devices, research suggests. A recent national survey conducted by Common Sense Media, which included nearly 1,800 parents of children aged eight to 18, found that parents spend an average of nine hours and 22 minutes every day in front of various screens — including smartphones, tablets, computers and televisions. Of those, nearly eight hours are for personal use, not work. (The survey included people from a wide range of socioeconomic classes and fields, who may or may not use computers at their job all day.)

Perhaps even more surprising is that 78 percent of parents surveyed believe they are good role models for how to use digital technology. Multimedia are designed to be engaging and habit-forming, so we do not even realize how much time we spend when we are absorbed in our devices, says Catherine Steiner-Adair, a clinical psychologist and author of *The Big Disconnect* (HarperCollins, 2013).

This can be a double shock for children, who not only feel that their parents are ignoring them or do not find them as engaging as the screen but who also learn to mimic their parents' behavior, Steiner-Adair notes. Studies show that greater use of technology among tweens and teens correlates with shorter attention spans, a preference for digital time over physical activity and worse performance in school. Toddlers and infants also have a harder time learning emotional and nonverbal cues because their parents constantly have what psychologists call "still face phenomenon" from concentrating on mobile devices.

The good news, however, is that if parents use screen time for shared activities with a child — watching a movie or playing an educational game together, for example — it can enhance the child's learning. According to the survey, 94 percent of parents recognize that technology can be used to support their children's education.

The key is to limit and track kids' time with technology and set rules for themselves, too. Modeling healthy media habits can start with something as simple as making the family dinner table device-free zone.

▶ 10回音読CHECK　1　2　3　4　5　6　7　8　9　10

携帯依存症

　身近なところで思いつくものとしては、**携帯依存**、**ゲーム依存**があげられるでしょう。大人でも携帯を手にすると、四六時中いじってしまう危険性があるのは、誰しも理解できるでしょう。

　電車に乗っていても、歩いていても携帯電話をいじってしまいます。**常にデジタルの刺激を目にも脳にも受け続けているので、ストレスにさらされ続けて、心も体も知らないうちに疲弊**してしまいます。

　人と会っているときも、携帯電話をいじり続けていると、相手を不快な気持ちにさせてしまいます。

　大人でもコントロールできないほどのものなので、これほど刺激が強い物を子供が持つと、さらにマイナスの影響が大きくなります。よって、幼少期は子供に触れさせずに、親が管理しなければいけません。少しずつ自分をコントロールできるようになるとともに、携帯に触れさせていきます。

　元々は、携帯がなくても何の不便もなく生活できていたのです。依存症という性質を理解しつつ、上手にテクノロジーとつきあっていくことが大切になります。

1 健康
2 幸福論
3 教育論
4 医学
5 教育論
6 社会論
7 言語論
8 社会論
9 IT・テクノロジー
10 環境論

10 リサイクルの起源

別冊 p.34 ／制限時間 20分 ／ 356 words

解答

問1 (1) **(B)** (2) **(A)** (3) **(D)** (4) **(A)** (5) **(B)**
(6) **(C)** (7) **(D)** (8) **(C)** (9) **(A)**

問2 (1) **(B)** (2) **(D)** (3) **(C)** (4) **(A)** (5) **(C)**

解説

問1

(1) (A) 買う (B) 〜が増える
(C) 〜を取り込む (D) 台無しにする

(2) (A) 欠乏 (B) 小さいこと
(C) 欠点 (D) 絶滅

(3) (A) 医療の (B) 致命的な
(C) 生物学的な (D) 決定的な

(4) (A) 維持する (B) 準備する
(C) 観察する (D) 確認する

(5) (A) 放つ (B) 捨てる
(C) 脇に置く (D) 排除する

(6) (A) 機会をつかむ (B) ギャップを埋める
(C) 変化をもたらす (D) 方程式を解く

(7) (A) 評価された (B) 設立された
(C) 批判された (D) 行われた

(8) (A) 巧妙な (B) 大胆な
(C) 無礼な (D) 厳格な

(9) (A) 邪魔をする (B) 失望させる
(C) 引き離す (D) 落胆させる

(1) **gain** popularity「人気を得る」と **increase in** popularity「人気が増える」が同義なので、**(B)** が正解。(2) **shortage(s)**「不足」と **scarcity**「欠乏」が同義なので、**(A)** が正解。(3) **vital**「きわめて重要な」

とcrucial「決定的に重要な」が同義なので、(D)が正解。

（4）preserve「維持する」とsustain「維持する」が同義なので、(A)が正解。（5）dispose「捨てる」とthrow away「捨てる」が同義なので、(B)が正解。

（6）make a difference「違いを作る」とcause a change「変化をもたらす」が同義なので、(C)が正解。（7）carried out「実行された」とconducted「行われた」が同義なので、(D)が正解。（8）rude「無礼な」とimpolite「無礼な」が同義なので、(C)が正解。（9）disrupt(s)「中断させる」とdisturb(s)「邪魔をする」が同義なので、(A)が正解。頻出のパラフレーズを整理する。

▶語彙 POINT ❻ 「重要な」のパラフレーズ

「重要な」の意味で一番使うのがimportantでしょう。他にも、significant「意義のある」、major「重大な」、essential「不可欠な」、valuable「価値のある」などとよくパラフレーズされます。「きわめて重要な」となると、本問のvital, crucial, primaryなどが同義です。

▶語彙 POINT ❼ 「維持する」のパラフレーズ

「維持する」の意味で一番使うのがkeepでしょう。他にも、maintain、本問のpreserve, sustainなどとよくパラフレーズされます。

・・

問2

（1）第1段落によると、次のうちどれが正しいか。
　（A）　リサイクルは1970年代にはじめて行われた。
　（B）　1970年代に、地球の天然資源が将来尽きるかもしれないと人々は認識していた。
　（C）　世界の石油不足は、自動車産業で働く人が引き起こした。
　（D）　人々は、リサイクルがとても儲かるから真剣になっていた。

　第1段落第2文「その時（1970年代）に、ようやく人々は重要な天然資源が無限に供給されるわけではないと認識し始めた」から、(B)が正解。

（2）第2段落によると、次のうちどれが正しいか。
- （A）　最初にアースデイのお祝いがあってから、60年以上が経過した。
- （B）　アースデイは、世界中のすべての国で国民の休日として指定された。
- （C）　アースデイの運営者は、環境問題に無知だった。
- （D）　アースデイは、リサイクルを促進するのに重要な役割を担っている。

　第2段落最終文「世界中の国がアースデイを祝い、リサイクルの考えに賛同した」から、**(D)**が正解。

（3）第3段落によると、次のうちどれが正しいか。
- （A）　最近人々は、リサイクルを当然と思っていない。
- （B）　作者の街でのリサイクルのスケジュールは、2週間ごとに変わる。
- （C）　作者は、その種類に応じて、ゴミをすすんで分別する。
- （D）　ガラス、カン、プラスチックは同じ入れ物に捨てるべきだ。

　第3段落最終文「私は、適切な詰め物に入れることで、ガラス、カン、プラスチックなどのゴミを分別しようとする」より、**(C)**が正解。

（4）第4段落によると、次のうちどれが正しいか。
- （A）　廃棄物を減らすのに、リサイクルより良いものはない。
- （B）　埋立地に大量のゴミを埋めるのに、ごくわずかの時間しか必要としない。
- （C）　ゴミを燃やすべきではない理由はたった1つしかない。
- （D）　私たちはリサイクルする方法を知らない人を助けなくてもよい。

　第4段落最終文「リサイクルがベストで、おそらく私たちの唯一の答えなのだ」より、**(A)**が正解。**最上級相当表現と最上級とのパラフレーズに注意**する。

| 1 健康 |
| 2 幸福論 |
| 3 教育論 |
| 4 医学 |
| 5 教育論 |
| 6 社会論 |
| 7 言語論 |
| 8 社会論 |
| 9 IT・テクノロジー |
| 10 環境論 |

構文 POINT ⓫ 最上級相当表現

（例文）

Nothing is as pleasant as traveling.

There is nothing as pleasant as traveling.

訳 旅ほど楽しいものはない。

　最上級相当表現とは、**原級や比較級を用いて最上級の意味を表す**ものです。例文のように、**as ~ as**と原級表現ですが、「旅ほど楽しいものはない」＝「旅が一番楽しい」と**最上級の意味**になります。Nothing is as ~ as A.「Aほど~なものはない」＝「Aが一番~」と、There is nothing as ~ as A.の形を覚えておきましょう。当然、(4)のように、最上級表現と最上級相当表現はパラフレーズされるので、要注意の表現です。

(5) 第5段落によると、次のうちどれが正しいか。

(A) 作者は、紙や段ボール製品を回収したくない。

(B) 作者は、週末の朝は車を運転するのを避けている。

(C) 作者は、週末の朝のうるさい拡声器の宣伝にいらいらしている。

(D) 作者は、地球の将来が心配だから、よく眠れていない。

　第5段落第3文「しかし、週末の午前8時半にメガフォンでがなりたてて、町中を回収業者が車で回るのは、まったくもって無礼で配慮が足りないと思う」から、**(C)**が正解。(D)は、第5段落最終文「それは全然足りていない私の眠りを妨げる」とあるが、「地球の将来が心配だから」とは記述がないので、不正解。

1 Recycling has been around [for centuries], but it really began <to
　　 S　　　 V　　　 M　　　　　　　M　　　　　　S　　 M　　 V

gain popularity in the 1970s>, [after global oil shortages left parts of
　　　　 O　　　　　　　　　　　　　　　　　　　　M

the world without gasoline]. It was at that time that people started
　　　　　　　　　　　　　　　　　強調構文 (It is A that ~.)

to realize that we didn't have an endless supply of vital natural
　　　　▲
　　名詞節の that

resources. [To help protect the environment and to take more
　　　　　　　▲
　　　　　不定詞 副詞的用法「～するために」　　　　 M　　　　▲
　　　　　　　　　　　　　　　　　　　　　　 to help と to take の接続

responsibility for the future], people seriously got into recycling
　　　　　　　　　　　　　　　　　S　　　 M　　 V　　　 O

things (like paper, bottles, cans, and plastic).
　　 M　　▲
前置詞の like「～のような」　 M　　　　 paper, bottles, cans, plastic の4つの接続

2 But the recycling movement really started taking off [after the first
　　　　　　 S　　　　　　　 M　　 V　　　 O　　　　 M

Earth Day was celebrated on April 22nd, 1970]. The organizers (of
　　　　　　　　　　　　　　　　　　　　　　　　　　 S

the event) designated it [as a "national day for the environment" and
　 M　　　 V　　 O　　 M　　　　a "national day ～とa day to think ～の接続　　▲

a day to think about our environment and take the necessary steps to
　　　▲
不定詞 形容詞的用法　　　　　　think ～とtake ～の接続

preserve a healthy earth]. [Since then], countries (all over the
不定詞 形容詞的用法　　　　　　M　　　 S　　　　　 M

world) have been celebrating Earth Day and adhering to the idea (of
　　　　　　 V　　　　　　 O　　　　　 V　　　　 O

recycling).
　 M

3 Recycling has, [in fact], become an essential part (of daily life) [for
　　　 S　　 V　　 M　　 V　　　 C　　　　　　 M

most people living in most parts of the world]. [In my city], recycling
　 M　　　 現在分詞の名詞修飾　　　　　　　　　 M　　　 S

is done once [every two weeks], usually [on a weekend]. I fully
　 V　　 M　私の街のリサイクル活動 M　　 M　　　 M　　　 S　 M
　　　　　▼

support this and always try <to keep the glass, cans, and plastic that
　 V　　 O　　 M　 V　　　 keep O C　　 O　　　　 関係代名詞の that

I dispose separate by placing them in the proper bins>.
　　　　　▲
　　 keep O C の C

1　リサイクルは何世紀も前から存在していたが、世界的な石油不足から、世界の一部でガソリンがなくなったのちの1970年代に人気が出始めた。その時に、ようやく人々は重要な天然資源が無限に供給されるわけではないと認識し始めた。環境保護を助けて、未来に対してより多くの責任を担うために、人々は真剣に紙、ビン、カン、プラスチックのようなものをリサイクルし始めた。

2　しかし実際には、1970年の4月22日に最初にアースデイが祝福された後にリサイクル運動はスタートした。そのイベントの運営者は、それを「環境のための祝日」、そして環境について考えて、健全な地球を維持するのに必要な手段を取る日と指定した。その時から、世界中の国がアースデイを祝い、リサイクルの考えに賛同した。

3　リサイクルは、実際には世界の多くの地域で暮らすほとんどの人にとって、日常の不可欠な一部となっている。私の街では、リサイクルは2週間に1度、たいていは週末に行われている。私は全面的にこれに賛同して、適切な詰め物に入れることで、ガラス、カン、プラスチックなどのゴミを分別しようとしている。

1 健康
2 幸福論
3 教育論
4 医学
5 教育論
6 社会論
7 言語論
8 社会論
9 IT・テクノロジー
10 環境論

語 彙 リ ス ト

be around	熟 存在している	get into	熟 取り組む
begin to do	動 〜し始める	movement	名 活動
gain	動 手に入れる	take off	熟 始まる
popularity	名 人気	celebrate	動 祝福する
global	形 世界的な	organizer	名 運営者
shortage	名 不足	designate	動 指定する
start to do	動 〜し始める	step	名 手段
endless	形 終わりのない	preserve	動 維持する
supply	名 供給	adhere to	熟 支持する
vital	形 重要な	essential	形 不可欠な
natural resources	名 天然資源	daily life	名 日常生活
help do	動 〜するのに役立つ	fully	副 完全に
protect	動 守る	dispose	動 処理する
environment	名 環境	separate	形 別々の
responsibility	名 責任	proper	形 適切な
seriously	副 深刻に	bin	名 詰め物、ゴミ入れ

▶ 単語10回CHECK　1　2　3　4　5　6　7　8　9　10

4 We are all helping < to save the environment > [when we recycle]. It
  S V   help to do「～するのを手伝う」 M   M 形式主語の it S

takes massive amounts of space < to bury trash in the ground in
  V   O   不定詞 名詞的用法   S′

landfills >, and < burning trash > is not much better [for all kinds of
              動名詞 S   V 比較級の強調 C   M

reasons]. So, what can we do [as individuals] [to really make a
             O   S V   M   不定詞 副詞的用法「～するために」

difference]? Recycling is our best, and possibly our only, answer.
    M   S   V   C   M   C

5 There is, however, one part (of recycling) (that I despise): the
     M   V   M   S   M   関係代名詞の that   M

collection of paper and cardboard products carried out by third-party
                       過去分詞の名詞修飾

people every Saturday and Sunday morning. [As I mentioned], I
                    様態の as「～ように」 M   S

fully support the recycling movement. But I think < that these
 M   V   O   S V   名詞節の that

collectors' driving around town at 8:30 in the morning on a weekend
    O   動名詞

with a megaphone blaring is totally rude and inconsiderate >. [Of
                                  M

course], I appreciate someone (coming around and collecting my old
      S   V   O   現在分詞の名詞修飾   M

newspapers), but < asking for people's recycling so early on a
               動名詞   S   asking ～ Sunday を指す

Saturday or Sunday > is discourteous. And it disrupts my much-
                V   C   S   V   O

needed catch- up sleep.

4　私たちはリサイクルする時、みんなで環境保護を手伝っている。埋立地にゴミを埋めるのに大量のスペースが必要であったり、ゴミを焼却することは、どんな理由をあげても良いものとは言えない。だから、現状を変えるには、個人で何ができるだろうか。リサイクルがベストで、おそらく私たちの唯一の答えなのだ。

5　しかし、私が軽蔑するリサイクルの一面がある。委託された回収業者が、毎週土曜日、日曜日の朝に紙や段ボール製品を回収する作業だ。前述のとおり、私はリサイクル運動に全面的に賛同する。しかし、週末の午前8時半にメガフォンでがなりたてて町中を回収業者が車で回るのは、まったくもって無礼で配慮が足りないと思う。もちろん、私は自分の古い新聞を回収しに来てくれる人に感謝はしているが、土曜や日曜のそんなに早くに人にリサイクルを求めることは失礼だ。そして、それは全然足りていない私の眠りを妨げる。

語 彙 リ ス ト

save	動 守る	collection	名 回収
help to do	動 ～するのを手伝う	product	名 製品
take	動 必要とする	carry out	熟 実行する
massive	形 大量の	mention	動 言及する
amount	名 量	totally	副 完全に
bury	動 埋める	rude	形 無礼な
trash	名 ゴミ	inconsiderate	形 配慮のない
landfill	名 埋立地	appreciate	動 感謝する
burn	動 燃やす	ask for	熟 頼む
individual	名 個人	discourteous	形 失礼な
possibly	副 おそらく	disrupt	動 中断する
despise	動 軽蔑する	catch-up	形 追いつくための

1 Recycling has been around for centuries, but it really began to gain popularity in the 1970s, after global oil shortages left parts of the world without gasoline. It was at that time that people started to realize that we didn't have an endless supply of vital natural resources. To help protect the environment and to take more responsibility for the future, people seriously got into recycling things like paper, bottles, cans, and plastic.

2 But the recycling movement really started taking off after the first Earth Day was celebrated on April 22nd, 1970. The organizers of the event designated it as a "national day for the environment" and a day to think about our environment and take the necessary steps to preserve a healthy earth. Since then, countries all over the world have been celebrating Earth Day and adhering to the idea of recycling.

3 Recycling has, in fact, become an essential part of daily life for most people living in most parts of the world. In my city, recycling is done once every two weeks, usually on a weekend. I fully support this and always try to keep the glass, cans, and plastic that I dispose separate by placing them in the proper bins.

4 We are all helping to save the environment when we recycle. It takes massive amounts of space to bury trash in the ground in landfills, and burning trash is not much better for all kinds of reasons. So, what can we do as individuals to really make a difference? Recycling is our best, and possibly our only, answer.

5 There is, however, one part of recycling that I despise: the collection of paper and cardboard products carried out by third-party people every Saturday and Sunday morning. As I mentioned, I fully support the recycling movement. But I think that these collectors' driving around town at 8:30 in the morning on a weekend with a megaphone blaring is totally rude and inconsiderate. Of course, I appreciate someone coming around and collecting my old newspapers, but asking for people's recycling so early on a Saturday or Sunday is discourteous. And it disrupts my much-needed catch-up sleep.

アースデイ

　アースデイとは、**地球環境について考える日として提案された記念日**です。4月22日が世界的なアースデイとなります。

　アースデイとは、その名のとおり「**地球の日**」で、誰もが自由にいろいろな方法で、地球環境を守る日です。ある人は、自動車をボイコットして自転車に乗り、ある人は、広場に集まって清掃とゴミ拾いを行います。

　銀座で歩行者天国が始まったのも、アースデイがきっかけだったようです。最初は自動車のボイコットとして、銀座の一部区画が、自動車の通行禁止となりました。日本でも、2001年からアースデイ東京が代々木公園を中心に開催されています。

　スウェーデンの環境保護活動家であるグレタさんが発した、2019年の世界経済フォーラムでの力強いスピーチは、世界的に取り上げられて話題になりました。地球温暖化は深刻なレベルにまで進んでおり、国籍や年齢を問わずに、全員が重く受け止めて、具体的な行動に移さなければいけません。

　自動車に乗らずに、公共交通機関を使う。自動車が生活にどうしても必要ならば、**一家での所有台数を減らす。**本文にあるように、**ペットボトル、カンやビンな**どを再利用する。近年問題となっているプラスチックゴミを減らすために、**些細な買い物ならばレジ袋をもらわない。**次に迎える4月22日は、アースデイとして、1人ひとりが「**地球を守る**」具体的なアクションを起こしてみましょう。

1 健康
2 幸福論
3 教育論
4 医学
5 教育論
6 社会論
7 言語論
8 社会論
9 IT・テクノロジー
10 環境論

おわりに

　本書を最後まで読んでくださった読者の方一人一人に、心より御礼申し上げます。多岐にわたる英語学習の中でも、本書はリーディングとリスニングの強化を狙いとしています。大学入試のみならず、TOEICや英検においても、この2大分野が得意になれば、人生の道が大きく開けてくるはずです。

　その最大のコツとは、音読を10回することでした。音読の効果は、枚挙にいとまがないくらい先人の英語学習者や、実際に私が教えてきた何万人にも及ぶ生徒たちが証明してくれています。特に、単語そのものの記憶と、長文を実際に何度も読み込むことによる真の語彙力の定着は、一生ものの英語力となります。

　英語力の壁にぶつかったとき、必ず単語力と音読という原点に立ち返ってみてください。必ずやこの2つが、あなたがぶつかっている壁を壊してくれるはずです。

　そして、まだ本書はスタンダードレベルという基本的なレベルであることをお忘れないようにお願いします。本書で取り上げた10の英文を完璧にしたら、ぜひ次のハイレベルへと進んでください。ハイレベルにおいても、音読の重要性は変わりありません。ハイレベルでも、音読に最適な語数の良問を10題揃えています。本シリーズが、あなたの人生を変えるシリーズとなることを願っています。

　最後に、本書の企画・編集を担当してくださった(株)かんき出版の前澤美恵子様、本書の素敵なデザインを施してくださったワーク・ワンダースの鈴木智則様、本書の校正を念入りにしてくださったエディットの皆様、最後までお付き合いいただいた読者の皆様に、心より御礼申しあげます。

肘井　学

【著者紹介】

肘井　学 （ひじい・がく）

●──慶應義塾大学文学部英米文学専攻卒業。全国のさまざまな予備校をへて、リクルートが主催するネット講義サービス「スタディサプリ」で教鞭をとり、高校生、受験生から英語を学びなおす社会人まで、圧倒的な満足度を誇る。

●──「スタディサプリ」で公開される「英文読解」の講座は、年間25万人の生徒が受講する超人気講座となっている。さらに「東大英語」「京大英語」を担当し、受講者に多くの成功体験を与えている。

●──週刊英和新聞「朝日ウィークリー（Asahi Weekly）」にてコラムを連載するなど、幅広く活躍中。

●──著書に『大学入試　肘井学の読解のための英文法が面白いほどわかる本』『大学入試　肘井学の　ゼロから英語長文が面白いほどわかる本』『大学入試　ゼロから英文法が面白いほどわかる本』『語源とマンガで英単語が面白いほど覚えられる本』『大学入試　肘井学の　作文のための英文法が面白いほどわかる本』（以上KADOKAWA）、『難関大のための　上級問題　特訓リーディング』（旺文社）、『高校の英文法が1冊でしっかりわかる本』『高校の英文読解が1冊でしっかりわかる本』（かんき出版）などがある。

大学入試 レベル別英語長文問題ソリューション1　スタンダードレベル

2020年9月7日　　第1刷発行
2024年10月15日　　第11刷発行

著　者──肘井　学
発行者──齊藤　龍男
発行所──株式会社かんき出版
　　　　　東京都千代田区麹町4-1-4 西脇ビル　〒102-0083
　　　　　電話　営業部：03(3262)8011代　編集部：03(3262)8012代
　　　　　FAX　03(3234)4421　　　　振替　00100-2-62304
　　　　　http://www.kanki-pub.co.jp/
印刷所──大日本印刷株式会社